Découvrez l'histoire par les archives de presse

RETRONEWS

Le site de presse de la BnF

www.retronews.fr

Nouvelle Série (6ᵉ année) Nº 1 — Janvier 1914

La Vendée

HISTORIQUE

et TRADITIONNISTE

(18ᵉ ANNÉE)

Paraît à la fin de chaque mois
(SAUF EN AOUT-SEPTEMBRE)

à LUÇON (Vendée)

Le Numéro : 50 centimes

DIRECTEUR :

Henri BOURGEOIS

Edition sur papier fort			Edition sur papier ordinaire		
Vendée et dépᵗˢ limitr.	6 fr.	» »	Vendée et dépᵗˢ limitr.	4 fr.	50
Autres départements..	6	50	Autres départements..	5	»
Etranger.............	7	» »	Etranger.............	5	50

Les abonnements partent du 1ᵉʳ Janvier et sont payables d'avance

M. BIDEAUX, ÉDITEUR
LUÇON

Etudes *rel.*, *pnw.*, *hist.* et *litt.* Rev. bi-m., publiée par les *Pères de la Cie de Jésus.* Un an, 25 fr.; 6 mois, 12 fr. 50. Rue de Babylone, 50, Paris.

___

La Critique du Libéralisme religieux, politique, so-cial. Revue bi-mensuelle. Directeur : abbé E. BARBIER. Administration : Desclée, 41, rue de Metz, à Lille. 10 fr. par an.

___

L'Autorité, fondée par PAUL DE CASSAGNAC et dirigée par PAUL et GUY DE CASSAGNAC (un an, 25 fr.; six mois, 13 fr.; trois mois, 7 fr.) — 45, rue Vivienne, Paris.

___

Revue du Culte Catholique, mens., dirigée par MM. GROUSSEAU et BIRÉ. 8 fr. par an. 14, rue Soufflot, Paris.

___

Le Bloc Catholique. Un an, 5 fr. Rue d'Astorg, 7, Toulouse.

___

La Revue Critique des Idées et des Livres, bi-mensuelle, 20 fr. par an ; 155, boulevard Saint-Germain, Paris.

___

L'Echo du Merveilleux, bi-mensuel. Un an, 10 fr.; 6 mois, 6 fr. 19, rue Monsieur-le-Prince, Paris.

___

L'Intermédiaire des Chercheurs et Curieux, fondé en 1864. Paraît les 10, 20 et 30 de chaque mois. Un an, 16 fr.; six mois, 9 fr. — 31 bis, rue Victor-Massé, Paris.

___

Revue des Traditions populaires, recueil mensuel de mythologie et de traditionnisme. Un an, 15 fr.; 80, boulevard Saint-Marcel, Paris.

___

Revue du Traditionnisme, revue internationale du *folklore*, mensuelle. Un an, 10 fr — 48, quai de l'Hôtel-de-Ville, Paris.

___

La Chronique Médicale, bi-m., historique, littéraire et anecdotique. Un an, 10 fr. — Docteur CABANÈS, 15, rue Lacépède, Paris.

___

Le Panache, revue royaliste illustrée, bi-m.; un an, 8 fr. — 4?, rue Bonaparte, Paris

La **Légitimité**, organe de la Survivance. Un an, 6 fr
Damrémont, 24, Paris.

**Dictionnaire Historique et Généalogique des Familles
du Poitou**, rédigé par M. Paul BEAUCHET-FILLEAU, et paraissant par fascicules de 4 fr. sur papier mécanique, 5 fr. sur papier teinté et 6 fr. sur papier vergé. S'adresser à M l'Administrateur de la Société Française d'Imprimerie et de Librairie, à
Poitiers.

Le Réveil Populaire (Luçon). Un an, 5 fr.

Journal des Demoiselles, revue bi-mens. de modes et de
littérature; un an, 14 fr. — **La Toilette des enfants**, mensuel,
6 fr. — Spécimen gratuit de ces deux publications, 52, rue
Saint-Georges, Paris.

L'Action Française, quotidien. Un an, 24 fr.; 6 mois, 13 fr.;
3 mois, 7 fr. Chaussée d'Antin, 3, Paris.

Le Gaulois, quotidien, politique et littéraire (un an, 54 fr.;
6 mois, 27 fr.; 3 mois, 13 fr. 50; 1 mois. 5 fr.), donnant droit au
supplément hebdomad., littéraire et illustré. Rue Drouot, 2.

Nouvelliste de Bordeaux, grand journal, régional quotidien. Un an, 22 fr.; 6 mois, 11 fr.; 3 mois, 6 fr. Bordeaux.

Semaine Catholique de Luçon (6 fr. par an) et *Chroniques
paroissiales du diocèse de Luçon* (3 fr. par an), Luçon.

Le Publicateur de la Vendée (La Roche-sur-Yon), tri-
hebd., 20 fr.

La Vendée (Fontenay-le-Comte), bi-hebd., 15 fr.

La Vendée Catholique, régional hebd. (Cholet), 5 fr.

Le Petit Patriote, journal catholique de combat, hebdom.
et illustré. 5 fr. par an. Directeur, Octave CHAMBON. à Paris, 14,
rue de l'Abbaye.

La Revue du Bas-Poitou, revue trimestrielle : un an, 8
— Fontenay-le-Comte

Librairie Desclée (41 rue de Metz, à Lille) : liturgie, livres
de piété, théologie, littérature, histoire, imagerie religieuse,
livres pour distr. de prix, etc...

Histoire de la guerre de la Vendée, par l'abbé DENIAU,
publiée en fascicules. Siraudeau, éditeur, Angers.

L'Indicateur des chemins de fer de l'Etat, 10 centimes.
En vente partout. MAYEUX, directeur, aux Sables-d'Olonne.

Librairie Saint-Joseph : BITON, éditeur, à Saint-Laurent-
sur-Sèvre (Vendée). Papeterie, reliure, liturgie, musique religieuse, orgues-harmoniums, articles ayant trait au B. Montfort.

Librairie Ancienne, DURANCE. Ouvr. sur Bretagne, Vendée, etc., Catalogues 4, quai d'Orléans, Nantes.

Chaussures en tous genres, BLOUIN, place d'Armes, La
Roche-sur-Yon.

Biron, sculpteur, Cholet : statues, autels, mon. funèbres.

Bécigneul, *Pépiniériste, 48, rue des Hauts-Pavés, Nantes*;
collections de tous arbres et arbustes, rosiers, camélias, ma-
gnolias, etc. Tracé de parcs et jardins. Demander le catalogue.

La Gazette des Campagnes, organe hebdomadaire des
intérêts ruraux et de la vie agricole : un an, 6 fr., six mois,
3 fr 50 — 17, rue Cassette, Paris, 6º. Rédacteur en chef : **M.**
G. Courtin. ingénieur agricole et agriculteur. — Publication
vivement recommandée aux agriculteurs, viticulteurs, horti-
culteurs, éleveurs, etc.

Imprimerie — Librairie — Papeterie — Reliure

M. BIDEAUX

Imprimeur de l'Evêché

Place de la Bascule — Luçon

Imprimés de toutes sortes. — Reliures en tous genres
de luxe et ordinaires. — Travail prompt et soigné.
CONDITIONS AVANTAGEUSES

LA

Vendée Historique

ET

TRADITIONNISTE

(18ᵉ ANNÉE)

NOUVELLE SÉRIE

1914

(6ᵉ ANNÉE)

LUÇON

M. Bideaux, imprimeur

Nouvelle Série (6ᵉ année)   Nᵒ 1   Janvier 1914

LA VENDÉE HISTORIQUE
et TRADITIONNISTE

Récits de la « Grand'Guerre »

Appendice
à l'histoire d'une tasse de crême
et d'un « bon Bleu »

Dans la seconde partie de l' « histoire d'une tasse de crême et d'un bon Bleu », qui a paru en tête de la *Vendée Historique* de décembre 1913, le témoignage de mon vieil ami, feu l'abbé Guitton, m'a fait commettre une erreur, non pas sur les faits eux-mêmes, mais sur la personnalité du « bon Bleu » identifié avec le grand-père paternel de M. l'abbé Bezagny, alors qu'il s'agissait réellement du grand-père maternel.

La faute était bien pardonnable au bon abbé Guitton qui, entendant une petite-fille raconter l'histoire de son grand-père, avait tout naturellement cru pouvoir appliquer le récit au grand-père paternel. Mais l'erreur n'en existe pas moins et je tiens à la rectifier. Je le fais d'autant plus

volontiers, que cette erreur va me permettre de
produire un nouveau témoignage sur l'authenti-
cité du récit lui-même et d'ajouter à la précédente
histoire — ainsi confirmée — de curieux détails
sur le « bon Bleu » qui en fut l'un des héros. Voici, en effet, l'intéressante lettre rectificative que
j'ai reçue de mon ancien condisciple et toujours
ami, M. l'abbé Jaud, ex-doyen de Noirmoutier et
aujourd'hui aumônier aux Sables-d'Olonne :

« Cher Monsieur Bourgeois,

» M. l'abbé Bezagny a pris, avec beaucoup d'in-
térêt, connaissance de votre premier article de la
Vendée Historique du numéro de décembre 1913.
Mais il y a constaté une erreur de nom. En vous la
signalant, je suis heureux de pouvoir ajouter à
votre anecdote quelques autres faits non moins
authentiques.

» Le « bon Bleu » est bien effectivement le
grand-père de M. l'abbé Bezagny, mais son grand-
père maternel. Par conséquent, il ne s'appelait pas
Bezagny, mais Berge.

» Berge était originaire de Montargis (Loiret). Il
naquit vers 1766. Son père était tonnelier, et lui-
même fut tonnelier dans sa première jeunesse. Il
fut enrôlé dans l'armée sous Louis XVI. Provoqué
en duel par un camarade qui lui en voulait, il
échappa à ses tracasseries en s'engageant pour
Haïti où venait d'éclater, en 1791, la révolte des
nègres. Il revint en France après la mort de
Louis XVI, au temps où la République avait à
combattre de toutes part contre la coalition européenne. Il prit part à la guerre avec l'Allemagne
pendant quelque temps et fit ensuite partie des
colonnes infernales envoyées contre la Vendée.

» C'est à ce moment que se place l'histoire de la *Tasse de crème et du bon Bleu* racontée dans la *Vendée Historique* de décembre 1913.

» Bien d'autres traits de ce genre feraient ressortir le rôle plein d'humanité du soldat Berge. M. l'abbé Bezagny ne les a pas retenus tous. Il se rappelle seulement tenir de son grand-père maternel, qu'il a connu jusqu'à l'âge de douze ans (1), qu'il se félicitait de n'avoir tué personne en dehors des combats.

» Lui-même fut plus d'une fois en danger, et la Providence semble l'avoir récompensé de son humanité en préservant sa vie. Un jour, le général Turreau avait donné au sergent Berge le commandement d'un peloton. Le peloton, surpris par les Vendéens en embuscade, tomba tout entier sous leur feu, à l'exception de Berge qui ne fut pas même blessé. Celui-ci se mit alors à courir de toute la vigueur de ses jambes. Les Vendéens le poursuivent et tirent sans l'atteindre. Mais tout à coup se dresse en face de lui une grande haie d'épines très épaisse : impossible d'y trouver une ouverture. N'ayant que cette chance de salut, il s'y précipite, s'y fraie avec peine un passage et continue sa course. Hors de l'atteinte des Vendéens, il rencontre une femme et lui demande son chemin : « Ah ! canaille, lui dit-elle, tu es de ceux qui viennent tout tuer et tout piller chéz nous ! » Il jugeà prudent de s'esquiver encore plus vite et finit par rejoindre son régiment.

» Berge fit ensuite partie de la garnison établie

______

(1) M. l'abbé Bezagny est aujourd'hui, si je ne me trompe, le doyen du clergé vendéen.

aux Sables-d'Olonne. Il y continua, autant qu'il le
put, à sauver la vie aux innocents. Un jour, il aper-
çoit, escorté de soldats, un prisonnier auquel évidemment on préparait un mauvais parti, car la
guillotine fonctionnait aux Sables. Berge le recon-
naît : « C'est toi. Dubreuil ? — Oui, c'est moi ! »

» Alors, ému de compassion : « Qu'a donc fait cet
« homme ? dit-il aux soldats. — C'est, répondent-
« ils, un des pires ennemis de la République. —
« Comment! je le connais, et je garantis que c'est
« un bon républicain. — Eh ! bien, si c'est comme
« ça, dirent les soldats en s'adressant au prison-
« nier, f.... le camp! » Et Dubreuil ne se la fait pas
dire deux fois.

» Berge se maria aux Sables avec la fille d'un
nommé Jauneau. Un jour, son beau-père eut l'im-
prudence de venir se promener curieusement sur
la place où était dressée la guillotine. « Que venez-
vous faire ici ? lui dit Berge ; hâtez-vous de dispa-
« raître, si vous ne voulez risquer votre vie ! » Et
Jauneau retourna chez lui au plus vite.

» Berge mourut à l'âge de soixante-douze ans,
en janvier 1838 Il reste à M. l'abbé Bezagny le
souvenir que son grand-père maternel était un
homme de haute taille, aussi bon que brave. »

*
* *

Au lieu de regretter l'erreur de nom qui a moti-
vé la rectification, je devrais plutôt me réjouir de
l'avoir commise, puisque mon *histoire* elle-même
se trouve ainsi confirmée par le témoignage auto-
risé de l'abbé Bezagny, et qu'en outre la lettre rectificative m'a valu de pouvoir ajouter, grâce à mon
aimable correspondant, quelques coups de pin-

ceau à la silhouette — bien identifiée cette tois et désormais en pleine lumière — du très authentique « bon Bleu » qui avait si généreusement sauvé la petite *Minette*.

Etymologies Vendéennes

195. — **Saint-André-Treize-Voies.** — Si, à l'article précédent, l'explication du double complément *Goule-d'Oie* n'a pas été toute seule et si nous avons dû constater, en fin de compte, que la solution du double problème posé divise encore messieurs les savants, du moins la donnée elle-même était-elle des plus claires, tout le monde s'accordant sur l'orthographe de la *goule* et de l'*Oie* énigmatiques piquées en queue au nom du Saint-André situé dans les parages de Saint-Fulgent. Ici, à propos du Saint-André voisin de Rocheservière et allongé, comme le précédent, de deux dénominations caudales, la difficulté se complique d'une double chicane préliminaire sur l'orthographe même du complément *Treize-Voies*.

D'une part, en effet, M. Dugast-Matifeux, qui se targuait d'une certaine compétence dans le domaine de la science étymologique, a soutenu jadis que la terminaison *voies* de Saint-André-Treize-Voies constituait une bévue de traduction, et qu'on devrait écrire *Saint-André-Treize-***Voix**. Et plus récemment, d'autre part, le docteur Marcel Baudouin, candidat non moins perpétuel à l'omniscience qu'à la députation, a prétendu lui-même avoir découvert une boulette orthographique non pas dans *voies*, qu'il accepte tel quel, mais bien dans *treize* que, d'après lui, une erreur de copiste aurait substitué à *trois*.

— Vous ne pourrez trouver la véritable racine étymologique qu'en vous orientant vers *Saint-André-Treize*-**Voix**, affirmait M. Dugast-Matifeux !

— Vous ne direz que des bêtises si vous ne prenez pour point de départ *Saint-André*-**Trois**-*Voies*, s'écrie M. Marcel Baudouin !

Nous voilà donc, pour chacune des deux dénominations complémentaires de ce nouveau Saint-André, en présence de deux pistes contradictoires qu'il importe tout d'abord de bien éclairer, l'une des deux devant fatalement nous exposer à faire la culbute dans un trou sans fond !

Or, entre *treize* et *trois*, la question me semble facile à trancher et je n'hésite pas un seul instant à écarter par une fin de non-recevoir pure et simple le *trois* mis en avant par M. Marcel Baudouin.

D'abord, parce que ce *trois* ne repose que sur une affirmation gratuite de la part de son inventeur. Voici comment, en effet, au cours d'un article où il montre que « le nombre trois revient fréquemment dans nos (vieilles) chansons », M. Marcel Baudouin (*Intermédiaire Nantais*, année 1903, p. 167) se borne à motiver son révolutionnaire *Saint-André*-**Trois**-*Voies* :

« Le mot *treize*, écrit-il, est souvent pris pour *trois* ; par exemple, Saint-André-Treize-Voies est pour Saint André-Trois-Voies. *Numero Deus impare gaudet* (75e vers de la viiie Eglogue). »

Avouez que, comme argumentation, c'est plus que maigre ! Si M. Marcel Baudouin a voulu nous

prouver qu'il avait lu Virgile et qu'il connaissait le
« 75° vers de la viii° Eglogue », je lui en donne
acte bien volontiers. S'il a, sans le vouloir, cédé à
une crainte superstitieuse en faisant la grimace
devant le chiffre *13*, je ne lui chercherai point
pour cela chicane, les esprits réputés les plus forts
étant souvent, en même temps, les plus supersti-
tieux... Mais je ne vois vraiment pas que ni la citation du « 75° vers de la viii° Eglogue » ni le tribut
payé par un savant à la superstition puissent valoir comme argument en faveur de *Saint-André-*
Trois *Voies* contre *Saint-André-***Treize**-*Voies*...

J'ajoute — et cela me paraît sans réplique — que
la solution *Saint-André-***Trois**-*Voies* est formellement contredite par les plus anciennes dénominations latines qui toutes, sans exception, nous offrent
comme premier point de repère *Sanctus Andreas*
de **Tredecim**... Or, je ne sache pas que *Tredecim*
ai jamais pu être traduit autrement que par
treize...

J'estime donc que le *trois* gratuitement mis en
avant par M. Marcel Baudouin doit être laissé pour
compte à l'inventeur, sauf à celui-ci à profiter
d'une autre occasion pour utiliser plus à propos
sa citation du « 75° vers de la viii° Eglogue » de
Virgile.

Quant à la difficulté entre *Voies* et *Voix*, c'est
autre chose, et ici, par contre, je n'hésite pas davantage à donner raison au rectificateur Dugast-
Matifeux, en reconnaissant avec lui que c'est bien
certainement par suite d'une bévue de traducteur
ou de copiste que, depuis la Révolution, on a officiellement et très maladroitement substitué *Voies*
à *Voix* ; car, dans toutes les anciennes dénomina-

tions latines que j'ai sous les yeux, l'authentique
De Tredecim chicané à tort par M. Marcel Baudouin est invariablement suivi du non moins authentique *Vocibus* final, ablatif de *vox (voix)* et n'ayant aucun lien de parenté avec la *voie (via)* qui, loin de nous conduire vers la bonne piste, ne pourrait que nous égarer sur un chemin de traverse où nous risquerions de tomber dans un piège à loups en cherchant un poteau indicateur.

Tenons-nous-en donc, pour la donnée du double problème étymologique à résoudre, au *Tredecim Vocibus* des anciennes dénominations latines, c'est-à-dire au *Saint-André-Treize-Voix* très justement rectifié par M. Dugast-Matifeux.

Mais, alors, pourquoi ce *Tredecim* et ce *Vocibus ?* et d'où viennent ces énigmatiques *voix* ainsi accolées au nombre *treize ?*

J'avoue qu'à ce sujet j'ai donné pendant longtemps ma langue au chat ; et je crois bien que je serais encore dans l'obligation de la donner aujourd'hui si, tout récemment, je n'avais trouvé à l'article *Saint-André-Treize-Voies*, dans les *Chroniques paroissiales* du diocèse de Luçon rédigées par mon ancien condisciple l'abbé Huet, la curieuse note que voici :

« Avant la Révolution, il existait très fréquemment en Bretagne, dont Saint-André faisait partie, — ne l'oublions pas, — des paroisses d'une grande étendue qui avaient une certaine portion de leur territoire desservie par une chapelle de secours, dont le prêtre exerçait toutes les fonctions de curé ou de recteur, sans cependant en avoir le titre et la qualité. Cette portion de paroisse, qui ressemblait assez, au point de vue civil, à nos sections de commune, s'appelait la *trève*. C'est ce qui était jadis Saint-André par rapport à Vieillevigne, dont elle était la trève, ainsi que le constate l'abbé Grégoire dans l'*État du Diocèse* de Nantes en 1790 : *Ecclesia Sancti Andreæ de Tredecim Vocibus... ancienne trève de Vieillevigne.*

» Mais un jour, vers le xiiie siècle sans doute, car au xive Saint-André a déjà le titre de paroisse, les habitants de la trève de Saint-André, considérant leur territoire comme assez important pour former une paroisse distincte de celle de Vieillevigne, en demandèrent la séparation. Le projet n'alla pas sans difficulté, puisque certains paroissiens, tout en reconnaissant le bien-fondé de la demande faite par les habitants de la trève, y firent cependant la plus grande opposition. Sur l'avis et l'approbation de l'évêque et du seigneur, on décida de mettre le projet aux voix dans une assemblée générale des habitants, comme il s'en faisait à tout instant avant la Révolution, et dans lesquelles la volonté populaire se manifestait clairement. L'assemblée en question rendit un verdict en faveur de la séparation : par *treize voix* de majorité Saint-André acquit son droit d'indépendance et cette paroisse fut dès lors définitivement séparée de Vieillenigne. Pour commémorer cet événement si important, on convint que Saint-André serait désormais distinguée des autres paroisses du même nom par le qualificatif de *Treize Voix*. »

Affirmée, nous déclare l'auteur de la note, par le témoignage constant de la tradition locale — dont on peut dire, à Saint-André comme ailleurs, qu'il n'y a point de fumée sans feu — et s'accordant très bien avec les anciennes dénominations officielles, cette explication me semble, à défaut d'une autre vainement cherchée, valoir tout au moins à titre de présomption. Elle a, en outre, le mérite d'être piquante, simple, populaire, à la portée de toutes les intelligences, et aussi celui de couper le sifflet au prétentieux et inintelligible galimatias dont messieurs les savants ont coutume de nous abrutir en pareille matière : sachons donc nous en contenter et lui faire au moins crédit jusqu'à nouvel ordre, — toujours en nous rappelant, bien entendu, que la certitude étymologique, à part des cas tout à fait exceptionnels, ne va guère au delà des limites d'une plus ou moins grande probabilité.

Et maintenant, pour tirer de l'histoire de ces treize voix de majorité une morale pratique, il faudrait que l'administration compétente daignât leur faire écho en restituant à *Saint-André-Treize-Voix* sa véritable dénomination ; mais je parie tout ce qu'on voudra que Dame Administration, d'ordinaire si méticuleuse dans le libellé de ses inutiles paperasses, se gardera bien de se prêter à cette rectification pourtant si légitime : elle aurait trop peur de faire le jeu de l'infâme *réaction* — en corrigeant une bévue révolutionnaire !

Dossiers des Vendéens
PRISONNIERS A NANTES
PENDANT LA RÉVOLUTION
(suite)

6°
Jean Boissard et Jeanne Herouet
du District de Montaigu

Sur la couverture de ce dossier on lit :

«¡Pièces Contre un Brigand Né Boissard, et une Brigande Née jeanne herouet. — 14 thermidor — il existe un petit paquet de poudre pour preuve du crime de Boissard. — 7 Pièces, un paquet de poudre Cachetée. »

Au crayon on a effacé les mots « une Brigande nommée Jeanne Herouet. » La couverture est faite avec une affiche imprimée à Bordeaux, publiant la condamnation à mort de Jean-Pierre Castarede, jeune, négociant, natif de Fleurance (Gers), résidant à Bordeaux, 39 ans, représentant la maison Castarède frères. Le mot « mort » a été rayé et remplacé par « 150.000 livres d'amende ». Des 7 pièces annoncées, le dossier n'en contient que trois.

I

Place de Montaigu
—
Interrogatoire
de Jean Boissard
—
13 Thermidor

Aujourd'hui treize Thermidor l'an deux (1) de la République française une et indivisible, je Commandant de la place de Montaigu soussigné me suis trans-

____

(1) 1er août 1794.

porté à la Prison de Montaigu pour y interroger le cy aprés nommé qui avec deux hommes et trois femmes avait été amené hier par un détachement commandé pour escorter les moissonneurs et étant arrivé j'ai fait venir un homme qui s'est dit se nommer jean Boissard, agé de 30 ans laboureur a Saint hilaire (1) lequel a declaré avoir été arrété hier entre six et sept heures du soir par des Hussards et était en ce moment à moissonner avec les deux hommes et trois femmes mentionnés cydessus, a déclaré en outre qu'il n'avait point de fusils, que lors de son arrestation il n'a commis aucune resistance et n'a jamais suivi les brigands

a lui demandé s'il avait connaissance de la Proclamation du Comité d'agriculture et des arts en date du (2)

a répondu que oui, mais que ne voyant aucun habitant venir à Montaigu il n'a pas osé le faire ajoutant que si les brigands eussent appris la démarche, ils n'auraient pas manqué de le tuer

a lui demandé si lors de son arrestation, il n'avait point de munitions de guerre, à répondu que non ; à lui observé que cependant on lui a trouvé dans une poche de sa veste un peu de poudre à tirer renfermée dans un papier plié, à repondu qu'il ne croyait pas avoir de poudre sur lui lors de son arrestation

et attendu que je n'avais plus de questions à

____

(1) Il s'agit de Saint-Hilaire-de-Loulay probablement.
(2) On a oublié de mettre la date.

faire à l'homme denommé de l'autre part, j'ai clos le present procès-verbal les dits jour et an

Berruyer (1)

II

Le 14 thermidor (2) Etant de detachement j'ai appercù un homme portant dans ses Bras un enfant a peupres de lage de 14 mois une femme a ses cotés chargée d'un fusil lhomme fut tué et la femme a ramassé le fusil et repris l'enfant avec lesquelles elle S'enfuyoit L'ayant atteinte jelai chargée sur une des voitures du convoy et après luy avoir retiré son fusil Jelai dechargé sur Lhomme qui etoit Expirant et l'ai Rachevé

Ce 15 thermidor 2ᵐᵉ année Republicaine
Rapport des deux hussards   lalsace
qui ont arrête la femme cydessus   andrieux
denommée

III

Armée	A L'accusateur public
de	du tribunal criminel militaire
l'Ouest	Première Division
Nº 64	

Etat-major

Liberté   Egalité
Mort aux intrigants et aux inutiles
au quartier-Géneral à Montaigu Le 15 thermidor

---

(1) Faut-il l'identifier avec Jean-François de Berruyer qui ordonna le roulement de tambour, attribué à Santerre, au moment de l'exécution de Louis XVI, et qui commanda les forces de la rive gauche de la Loire.

(2) 1ᵉʳ août 1794.

l'an 2ᵐᵉ (1) de la République Française, une, indivisible et impérissable.

Je t'envoy ci-joint, citoyen, Les procès-verbaux d'arrestation du quatorze thermidor |présent mois des personnes de Jean Boissard et jeanne haconet *(sic)* femme de françois harler, j'y joins aussi Les interrogatoires qu'ils ont subis dans\Les prisons de cette place en dattes des treise et quatorse du même mois par Le commandant de la place : j'ai crus que Les charges portées contre ces deux prevenus méritoient qu'ils fussent traduit au tribunal criminel militaire pour decider de Leur Sort je te fais de même passer un petit paquet qui Renferme de la poudre trouvée dans La poche de Jean Boissard, sur lequel j'ai apposés Le cachet du général huché pour constater ce délit

Salut et fraternité

L'adjudant général chef de Letat major général

l. fo. J. Mangen (2)

IV

Armée
de (3)

Liberté   Egalité
au camp de la Roullière (4) l'an 2ᵐᵉ de la Republique française, une et indivisible.

Le Général de Brigade Jacob aux membres de la commission militaire

---

(1) 2 août 1794.

(2) Mangin, adjudant général, isolé à Montaigu, depuis la surprise du camp de la Roullière en septembre 1794.

(3) On a omis de dire de quelle année il s'agit.

(4) Camp établi en avant de Nantes, sur la rive gauche de la Loire.

je vous envoye un jeune brigand
qui a servi avec eux et qui a declaré que ses frères servent encore avec ces selerats
Salut et fraternité
Le général de brigade com-
mand¹ le camp

jacob (1).

On remarque que dans cette dernière pièce on annonce l'envoi de Boissard seulement. Cela expliquerait peut-être pourquoi l'on a effacé sur la couverture du dossier le nom de Jeanne
Herouet.

Dans le *Livre d'Or de la Vendée* (2), M. l'abbé Louis Teillet
ne fait mention ni de J. Boissard ni de J. Herouet (3).

7°

Jean Cantin, de Falleron ;
André Brechet, de Sallertaine ;

La couverture du dossier porte ces mots.

Pièces contre les nommés

---

(1) Marie-Nicolas-Henri Jacob, au service depuis 1776, tambour à onze ans. Nommé général de brigade, et envoyé contre
les Vendéens, se livra à des excès tels que le district de Challans lui adressa des protestations.

(2) Publié par la *Semaine Catholique* de Luçon.

(3) Alfred Lallié, dans *La Justice Révolutionnaire à Nantes,*
p. 404, parle d'une Jeanne Harouet, trente-neuf ans, de Saint-
Philbert-du-Pont-Charrault, district de la Châtaigneraie. journa-
lière, qui comparut, le 19 Fructidor an II (5 sept. 1794), devant la Commission militaire de Noirmoutier venue à Nantes,
qui décida qu'elle irait habiter une commune qui serait dési-
gnée.

1º jean Cantin, membre d'un conseil de brigands

2º Pierre André Brechet, Brigand

3º la femme le Breton jouquailière instigatrice confidente De Tanguy Et Directrice D'un conseil de Brigands

Au Bouffay

jean Cantin mort

La fᵉ lebreton morte

Cette liste contient 11 pièces

7 pièces

C'est ce dernier chiffre qu'il faut maintenir : 4 pièces ont en effet disparu.

A

Pierre-André Brechet
de Sallertaine

Le 27 Frimaire an II (1), le maire de Sallertaine recueillait les dénonciations d'un nommé Jean Gautier, de ce bourg. Ce devait être le point de départ des tribulations de Pierre-André Brechet, du Pied-de-l'Ile (2), en cette même commune.

I

Extrait D'une Liste des habitants suspects qui étoient armés dans la commune de Sallertaine, remise par Lamunicipalité à l'administration du district de Challans. Aujourd'huy vingt sept frimaire, Lan second De La Republique française Une et Indivisible, s'est presenté amoy soussigné

(1) 17 décembre 1793.

(2) Ferme de la commune de Sallertaine. Sallertaine était, avant le xiiᵉ, un des nombreux îlots qui ont donné naissance à la plupart des bourgs du marais de Challans.

Jean Gaultier de ce Bourg qui a fait La declaration
qui suit, scavoir que Les Bonets des Bouchaud (1)
ont deux fusils.

    Brechet Dupied De L'isle un
      jean Bodard Un

Apres Luy avoir Relu La dite declaration Et demandé s'il n'avait rien à changer ny ajouter Il a
dit avoir oublié De marquer parmy Les mambres
du Comitté Jean Bocquier Des Bouchaud Et que
Le dit Bocquier comme les autres mambres du comitté avait fait tout le Bien possible, Demandé s'il
scavait signer à Répondu que non, certifié Véritable signé Boisselier (2) maire

    Pour copie conforme à la minutte deposée à
    L'ad^{on} du district de Challans
          Cormier
          Moiseau p. le s^{re}

II

Nouvelle dénonciation un peu plus tard :

    Extrait d'une liste par la Municipalité de
    Sallertaine à L'administration Du District
    de Challans.

Liste des habitants de Sallertaine qui ont con-
courus au desordre précédant Les Troubles ; autant quil est à notre conoissance.

---

(1) Autre ferme de Sallertaine.

(2) Il joua un rôle important pendant la Révolution. Son fils
fut assassiné sur le pont de l'Etier, route des Quatre-Moulins
au bourg de Sallertaine La douleur ne lui fit pas perdre la
tête au point de négliger ses intérêts Il acheta des biens nationaux en assez grande quantité. M. Vandier, qui fut député
de la Vendée au début de la 3e République, était son petit-ne-
veu.

Louis S*

André Bréchet au pied de L'isle, mauvais sujet.

Nous maire et officiers municipaux Et notable soussignés. Et Gervais Raimbaud notable, Charles Peraudeau, notable ; honoré Begaud notable qui ne sçavent signer. Declarons que ceux compris dans La Liste cidessus sont ceux qui nous ont parus avoir Pris part aux Troubles Et que nous Les avons notés chacun suivant Leur mérite, nous pensons neantmoins et nous desirons que Tous les jeunes gens qui y sont marqués fussent conduits aux frontières Persuadés qu'ils seroient de Bons Republicains s'il avoient Une fois Respiré L'air de la Liberté, à la chambre municipalle de Sallartaine. Ce vingt neuf nivôse L'an second (1) De la république Une et Indivisible signé Boissellier, maire, André officier municipal Mériau agent national et morin officier municipal Laurand, Etienne Bonnet, Louis Abillard, françois Rocand, Chartier officier municipal

Pour copie conforme

Cormier (2)
moiseau p. le s^{re}

Il est fâcheux que ce document ne soit qu'un « extrait » d'une liste. Combien serait intéressante la liste elle-même !

III

André Brechet fut arrêté et amené devant l'administration du district de Challans (3).

---

(1) 18 janvier 1794.

(2) Commandant de la garde nationale de Sallertaine, joua un rôle assez important dans son pays pendant la Révolution.

(3) Cette administration, au témoignage du docteur Viaud-Grand-Marais (1833-1913), tenait ses séances dans la Grand'-Rue, dans la maison de la famille Salver.

Interrogatoire de André Brechet

Le onze fructidor deuxième année (1) De La republique française une et indivisible,

A Esté conduit par la force armée devant nous administrateurs Dudistrict De Challans departement de la Vendée au Lieu de nos séances Le Detenu ci après

Demandé ses nom surnom age et qualité Et demeure

a dit s'appeler Pierre André Brechet agé de quarante ans, Estre laboureur De profession demeurant au Pied De Lisle Commune de sallartaine

Demandé ou Il a Esté arresté

àdit avoir Esté arresté à la Brejonnée commune de Grandlandes (2) Estant occupé a battre du Bled a la journée Tantot pour l'un et Tantot pour Lautre

Demandé s'il y a Longtemps qu'il Estait audit Lieu de la Brejonnée

a dit quil y a Environ neuf mois Et qu'il na point Esté ailleurs Demandé pourquoy Il·a quitté son pays pour aller dans le Bocage a dit qu'il y a Esté pour y Rejoindre sa seur Et sa nièce qui y Estoient Desja alleer

Demandé chez qui Il habitait à la brejonnée

a dit qu'ils estoient chez le nommé Boudillée

Demandé s'il n'est pas allé ailleurs que dans ce village

a dit que non Et navoir jamais porté d'armes

Demandé pourquoy Il n'est pas rentré chez Luy Depuisque Lapaix y règne

---

(1) 28 août 1794.
(2) Canton de Palluau.

a dit que cestait son Intention mais quil a Eu Ladissenterie qu'après son Retablissement sa nièce Est Tombée Dans la même maladie Et y Est Encore

Demandé sil napas vù des Couriers de Charette Et Savin

a dit En avoir vù quatre de ceux de Savin Il y a dix a douze jours.

Demandé sine Leur ayant point parlé Comme Il a pu scavoir quils Estoient plutot couriers de Savin que de Charette.

a dit que cest sa femme chez Laquelle Il Estoit Logé qui Luy dit que cestait des Couriers de Savin ; mais qu'ils ne dirent rien apersonne, que Les hommes se cachoient quant Ils Les Voyaient Venir parceque Lesdits Couriers Les Emmenoient de force.

Demande Dequelle manière sa sœur sa nièce et Luy ont vecu Depuis neuf mois Dans un village sans ressource

a dit quils avoient De largent Et achetoient Du Bled Et qu'ils En ont achetés notament chez le nommé monie à la

demandé s'il estoit Beaucoup question Delarmée Charette (*sic*) Et de celle de Savin

a dit que L'on ne parlait presque plus de celle de Charette, que L'on ne scavait ou Elle Estoit Et que celle de Savin n'était point forte.

Demandé sil scait quels sont ceux qui ont Beaucoup ramassé Et Entassé de Bled au poizac

a dit ne pas Lescavoir

Demandé s'il n'avait pas une Recolte à faire à Sallertaine

a dit que ouy mais quil na pu aller La faire a cause de maladie

Demandé s'il n'est pas venu aux Deux Combats Livrés Contre Cette Place

a dit que non

Demandé quelles raisons L'ont determiné à quitter son foyer pour s'enfuir avec les Brigands

a dit L'avoir quitté Dans Le temps qu'il a Esté mis de la Troupe à Sallartaine. quil En a Eù peur parcequelle Tuait ceux qu'elle Rencontrait

Demandé s'ils Estoient Beaucoup de transfuges comme lui à la Brejonnée

a dit quil n'y avait que sa sœur sa nièce et Luy

Demandé ou ils faisoient moudre Leur Grain

a dit quils Le faisoient moudre à de petits moulins qu'un homme du Costé De Grandlandes faisoit mais quil ne scait pas son nom (1)

Demandé si sa maison avait 'esté Brulée Lorsqu'il En Est sorty

adit que non

demandé si avant qu'il y eut de la Troupe à Sallartaine Il ne montoit point la Garde avec Les Brigands

a dit l'avoir monté Deux fois avec

Demandé qui comandait Les Brigands audit Sallartaine

a dit que cestait Tantot L'un Et Tantot Lautre

qui est tout cequil a voullu dire Et repondre Lecture faitte

Il a dit que ses reponses contiennent vérité Et y

---

(1) Les armées révolutionnaires avaient demoli tous les moulins de la région.

a persisté Et declaré ne scavoir signer rejetté Deux
mots rayés nuls

p^r le Pd
Moiseau p. le s^{re}

B

Jean Cantin, de Falleron

I

Extrait des Declarations faittes par
Jean Cantin domicilié de La jaubretière commune de Falleron (1) jacques mallard Et autres Detenus Et
arrêtés Par la force armée dans le
District de Challans

Les dittes Declarations faittes Tant
Devant La municipalité de Ligneron (2) que devant L'administration
du district du dit Challans.

Jean Cantin agé de quarante neuf ans Demeurant à la jaubretière, commune de falleron, Laboureur propriéttaire arresté près du mesme village
Etporteure Dune Lettre signée Chagnon Inspecteur particulier adressée à messieurs Les officiers
Du conseil de falleron a la Jaubretière.

Marie Anne Cantin agée de quinze ans et De-
meurante à la joubretiére, commune de falleron
arrestée près le mesme village a dit que philippes
Cantin De la jaubretière, son père du mesme village Et barreau de breuil herbaut avaient étés

---

(1) Canton du Palluau, sur la limite de la Vendée.
(2) Nom révolutionnaire de Saint Christophe-du-Ligneron.

nommés par Le Brigand savin, officiers du conseil de falleron.

Nᴬ Cet article a esté mal rendu par La municipalité Marie Anne est fille de Jean Cantin.

Jacques Malard agé de trente six ans. Laboureur Demeurant à la jaubretière, commune de falleron, arresté Dans le Tailly près La jaubretière a dit que philippes Cantin. Jean Cantin, Jean Gaultier de la jaubretière Et Barreau de Breuilherbault (1) Estoient membres du conseil de falleron Les Brigands
Toujours chez Jean Cantin, Lescelerat Charette y a mesme couché

Jacques Caillonneau age de trente Un ans, Laboureur demeurant à Breuilherbault, arresté pres Le mesme village, arresté cidevant par des Republicains Et conduit à Machecouls, D'où Il fut Renvoyé, Luy Estant avec son Beaupère Jean Boudilliée, Marie Boudilliée Et Jean Laboureurs frères et sœurs, à la Gitte Dusauzeau à moudre du Grain : Jean Cantin De la Joubretière et six cavaliers Brigands Et Environ vingt fantassins, passèrent Et Luy Dirent qu'ils Venoient De Cherchée des Bouviers pour Emmener du Bled, sans cependant Luy declarée Le lieu du chargement ny Du dechargement

Jean Cantin, Interrogé Cidessus, Et rappellé, Interpellé de dire si hier Il avait vû Les Brigands, a dit non, sur Lobservation à Luy faitte qu'il avait

---

(1) Abbaye située dans la commune de Falleron.

passé hier à la Gitte du Saulzeau avec plusieurs cavaliers Brigands et fantassins ; a Esté forcé d'en Convenir Et adit que parmy ses cavaliers, Estoient Caffin, De la Brejonnée de Grandlandes Et jean Guillon, du pas de Grandlandes, fantassins. Ils estoient environ Trente et six cavaliers, tous armés de fusils hormis un armé d'une pique Ils venoient Du Lieu de la Tercerie commune de Grandlandes ou Charette a Un poste D'environ Cent hommes Et de la retière commune De Lege ou charette a Egallement Un poste qui Est plus nombreux sans cependant En Pouvoir Declarer le nombre, Il a declaré De plus qu'il croit Toujours Savin à la Rortillière commune de saint Etienne du bois Et Charette a belleville ou ligneron Le onze fructidor L'adjudant général Guérin (1), au Ligneron le Douze fructidor Deuxième année de la république (2) signé Bouquard municipal Et Sauvaget municipal.

(A suivre)   Ch. GRELIER.

Pour paraître très prochainement :
L'Ancienne Eglise Notre-Dame de Challans
2ᵉ Partie
Du xiiiᵉ siècle à l'année 1524
par l'abbé Ch. Grelier
Plans, coupes et illustrations par MM. B.-G. Andral, architecte diplômé du gouvernement ; G. Feronnière, architecte, professeur à l'Université Catholique d'Angers ; J. Belier et F. Legendre.
Cette monographie sera l'une des plus remarquables qui aient été consacrées à une église vendéenne. Dix-neuf plan-

(1) Il s'agit sans doute de Jacques-Julien Guérin, adjudant général sous le général Huché.

(2) 29 août 1794.

ches hors texte, trois plans en couleurs et treize figures en illustrent le texte L'auteur s'est appliqué à signaler les points de ressemblance qui existaient entre ce monument et les vieilles églises de la Vendée. Cet ouvrage est de nature à intéresser tous ceux qui s'occupent d'archéologie poitevine.

Prix : 3 fr. 50 sur papier ordinaire ; 7 francs sur papier de luxe, pour les souscripteurs.

Prière de s'adresser à Mlle Manoury, libraire, Challans (Vendée).

N -B. Les noms des souscripteurs, parvenus avant l'apparition du volume, seront imprimés à la fin du livre.

Biographie de Charette

Chapitre III

Prise de l'île de Noirmoutier par Charette. — Il est cerné dans l'île de Bouin, échappe à ce danger et bat les républicains. — Il fait une excursion dans le Haut-Poitou. — Combat des Quatre-Chemins. — Election définitive de Charette comme général en chef. — Reprise et combats de Machecoul — Noirmoutier retombe au pouvoir des républicains. — Les colonnes infernales. — Victoires de la Vivantière et des Clouzeaux. — Mort de Haxo.

Depuis longtemps, Charette songeait à s'emparer d'un port de mer ; il jette ses vues sur l'île de Noirmoutier, déjà prise aux premiers jours de l'insurrection, mais bientôt reprise par les républicains.

La marée basse permet d'entrer dans cette île à pied sec, au moyen d'un banc de sable d'une lieue de long, appelé le *Goi*, qui, à la marée haute, se couvre très rapidement de plusieurs brasses d'eau. A l'extrémité du Goi, dans l'île, est la petite ville de Barbâtre, dont les habitants, las de la tyrannie républicaine, offrirent secrètement à Charette de le seconder dans son entreprise.

Le 11 octobre, à deux heures du matin, Charette passe le Goi avec trois mille hommes. Il arrive sans obstacle sur la côte de Noirmoutier. Il avait exprès fait coïncider l'attaque avec l'heure de la marée. Quand on arriva près des républicains, il y avait déjà deux pieds d'eau sur le banc. Charette fit faire halte un moment, et, montrant à ses soldats les vagues qui bouillonnaient derrière eux : « Mes amis, dit-il, c'est ici qu'il faut vaincre ou mourir. Nous surprenons l'ennemi, la mer monte, point de retraite pour lui ni pour nous, marchons ! »

Quelques indices avaient donné l'éveil aux républicains. Ils étaient sous les armes. La lutte fut vive ; mais au bout d'une heure la garnison, forte de huit cents hommes, capitula et se rendit prisonnière. Toute l'île avec ses forts fut remise au pouvoir du roi. Le commandant Wieland apporta son épée à Charette, qui, courtoisement, la lui rendit aussitôt.

Charette nomma le chevalier de Tinguy gouverneur de l'île ; M. Dubois, de Soullans, commandant en second ; M. Pineau, major-général ; M. Perraudeau, commandant de l'artillerie, et M. Lefèvre, capitaine commandant les navires de l'île.

Immédiatement, le général s'occupa de se mettre en communication avec l'Angleterre, but principal de la conquête de Noirmoutier. Le capitaine Lefèvre, excellent et intrépide marin, se chargea de commander lui-même le petit bâtiment qui fut équipé dans ce dessein. La Robrie aîné s'y embar-

qua comme envoyé de Charette auprès du gouvernement anglais. Malgré les croisières ennemies,
Lefèvre parvint à sortir. Après huit jours d'une
traversée très pénible, il aborda la côte du pays de
Galles ; mais, loin de recevoir un accueil amical,
La Robrie, Lefèvre et tout l'équipage furent em-
prisounés et leur navire saisi par l'autorité du
lieu. La population, les prenant pour des Français
républicains, faillit les assommer. Au bout de
quelques jours, les ministres anglais, prévenus,
mandèrent La Robrie à Londres ; mais ce jeune
homme savait mieux se battre que négocier : au
lieu de secours on lui donna de belles paroles ; on
n'eut pas de peine à se jouer de lui, et sa mission
n'obtint aucun résultat.

Le 18 octobre, la grande armée vendéenne avait
passé la Loire. C'est surtout à dater de ce moment
que brille dans tout son éclat le génie de Charette. La Vendée entière est occupée par les républicains, sauf le pays où il commande ; encore,
dans ce pays même, Machecoul et plusieurs autres points sont à l'ennemi. Seul sur la rive gauche, il tient encore le drapeau blanc déployé. Il
est acculé à la mer, sans communication avec le
reste de la France. Aujourd'hui à la tête de quelques milliers d'hommes, le lendemain il n'en a
plus que quelques centaines. Et pourtant il est
décidé à lutter seul ; il se fait un art de la guerre à
son usage, harcèle sans cesse les Bleus, se rend
presque aussi redoutable dans ses revers que
dans ses succès, et se relève plus terrible quand
on le croyait abattu.

Son âme semble avoir passé dans chacun de ses
soldats. Pour eux, les privations, les fatigues, les

rigueurs des saisons ne sont plus rien. Si les
Bleus tiennent les bourgs et les villages, les bois
deviennent le refuge, le camp des royalistes, et,
tout à coup, de ces bois on voit sortir une armée
qui reprend l'offensive et vient, en face, livrer
l'assaut à des retranchements.

Le Marais a sa guerre particulière, appropriée à
sa nature. Là, ce ne sont pas les bois, ce sont les
étiers, les fossés, qui servent de remparts et de
retraites. Le *Maraîchin* est-il serré de trop près ?
à l'aide de sa longue *ningle*, il franchit d'un bond
le large fossé qui arrête ses ennemis, et leur envoie, de l'autre bord, son coup de fusil bien ajus-
té ; ou, caché dans sa *niole*, il se glisse entre les
roseaux, par les canaux tortueux, et se montre
tout à coup sur le point où on ne l'attendait pas :
guerre étrange et nouvelle, qui déconcertait les
meilleurs généraux et les plus braves soldats de la
république. Les Maraîchins avaient d'ailleurs pour
auxiliaires les fièvres émanées des eaux dorman-
tes et qui attaquent surtout les étrangers. Des bataillons républicains, campés dans ce pays, se fon-
dirent et disparurent en peu de mois, par le seul
effet des maladies.

L'hiver arrivait. Après une attaque infructueuse
sur Saint-Gilles, Charette s'était retiré à Beauvoir
pour donner quelque repos à ses soldats, presque
toujours sur pied et au bivouac. Des forces bien
supérieures l'obligèrent à se replier sur Bouin,
dont le territoire forme une espèce d'île, partout
coupée de canaux et de fossés. Charette n'avait
que trois mille hommes. Trois colonnes, ensemble
de six mille cinq cents hommes, combinèrent leur
marche pour le cerner : la première, venue de

Machecoul, par le passage du Sud ; la seconde, venue de Bois-de-Céné, par la Claie ; et la troisième
par Beauvoir. C'était au commencement de décembre ; il faisait très froid, et la gelée facilitait la marche de l'ennemi. Charette avait eu d'abord la pensée de couper les chaussées, afin d'inonder le
pays et de noyer ainsi les républicains ; mais, pour
ne pas ruiner les habitants, il abandonna ce projet. Partageant son faible corps en trois colonnes,
il garde la principale, donne les deux autres à
M. de Couëtus et à M. Guérin l'aîné. Après la lutte
la plus opiniâtre, voyant que l'ennemi est maître
du bourg de Bouin et d'une partie de son artillerie, qu'il n'y a pas moyen de résister plus longtemps, le général vendéen se décide à se faire jour
à la baïonnette. Il fait enclouer et jeter dans les
étiers les canons qui lui restent ; guidé par un
homme du pays, qui lui indique un passage inconnu, il parvient à se dégager. On n'avait emmené
qu'un seul cheval, appartenant à M. d'Argens fils ;
Charette refusa de s'en servir, puisque tout son
monde était à pied.

Les Bleus massacrèrent presque tous les blessés qu'ils trouvèrent dans Bouin, ainsi que beaucoup de femmes ; d'autres furent conduites à
Nantes ; de ce nombre furent Mme Quédreux, de
Machecoul, et Mme de Couëtus ; elles périrent sur
l'échafaud. La perte totale fut d'environ sept cents
combattants ou non combattants, et six pièces
d'artillerie.

Le dégel était survenu et rendait la marche encore plus difficile, à cause des fossés et des canaux. Rien ne peut arrêter Charettte. Il sort du
marais, trouve à Châteauneuf cinq cents républi-

cains, les taille en pièces, s'empare d'environ quatre-vingts chevaux, trois caissons, deux canons,
et gagne enfin Saint-Etienne-de-Mer-Morte et
Touvois. Sa perte avait semblé infaillible, et non
seulement il échappait, mais encore il battait l'ennemi.

Le lendemain, Charette fit rendre à Dieu, par sa
troupe, de solennelles actions de grâces. Les jours
suivants, dans ses marches rapides, il enleva encore des chevaux, des munitions, des provisions
de tout genre. Mais les colonnes républicaines de-
venaient trop nombreuses. Charette résolut d'aller,
dans le Haut-Poitou, se recruter des hommes qui
n'avaient point passé la Loire.

En arrivant aux Essarts, il apprend que quinze
cents Bleus étaient campés aux Quatre-Chemins.
Il tombe sur eux et les écrase. Ces Bleus ne sa-
vaient pas que Charette avait réparé, aux dépens
de l'ennemi, ses pertes en chevaux. « Montre donc
ta cavalerie, brigand, criaient-ils, va la chercher à
Bouin! » Cachés par un bois, les cavaliers de
Charette parurent tout à coup et décidèrent la
défaite des républicains, dont le quart à peine se
sauva.

(A suivre.)

Le Gérant : M. BIDEAUX.

Luçon — Imp. M. Bideaux

Nouvelle Série 6ᵉ année) N° 2 Février 1914

LA VENDÉE HISTORIQUE

et TRADITIONNISTE

Dossiers des Vendéens
PRISONNIERS A NANTES
PENDANT LA RÉVOLUTION

(SUITE)

Declaration faites Devant Les administrateurs
Du District de Challans Le douze fructidor

Jean Cantin âgé de quarante neuf ans, cultivateur propriétaire Demeurant à la Jaubretière commune de falleron

A Esté arresté dans sa maison, dit quil Estoit muny D'une lettre D'un Brigand homme de confiance Du cidevant marquis de Juigné (1). Comissaire Du Comité Des Brigands de la retière sous L'inspection De Couvreur Chef de la Division

---

(1) Faut-il l'identifier avec le deputé des Marches communes de Bretagne et de Poitou ? Probablement.

De Legé, par Laquelle on Luy Demandait du Grain sous peine d'être fusillé, que cette Lettre Luy fut Remise par dix cavaliers Le mercredy soir vieux stile Dix fructidor, que Lesdits Brigands Estoient au nombre d'une quarantaine, qu'aussitot Et cette Lettre Reçue, Il fut avec lesdits cavaliers Dans les Bois de Breuilherbault ou Ils nen Trouvèrent point, que de la Ils furent à la moinatière ou Il En fut Enlevé une ou deux chartées.

Demande sil ne fait pas partie Du Comité de falleron

a dit que non,

demandé si ce nest pas Luy qui a fait enlever Les Bleds qui Estoient au poizac (1)

a dit que non, qu'il a connu parmy Lesdits Brigands Guillon Du pas de Grandlandes, un nommé Lhériteau Et musseau du mesme lieu, Calin de la Brejonnée mesme commune, qu'ils luy ont dit que Leur poste de la Tercerie En grandlandes Estoit d'environ cent hommes Et un autre à la retière commune de Lege Estoit plus fort que ceux qui vinrent La Luy dirent qu'ils Estoient dudit poste de la Tercerie que Charette se tient ordinairement vers Belleville Et savin Est à la Rortillière (commune de saint Etienne du bois) qu'il y a un comitté qui se tient à Chantebusain (2) Et Lautre à la Tercerie mais quil Ignore qui compose surtout celluy De Chantebuzain

Marie Anne Cantin âgée de quinze ans, fille de

---

(1) Commune de Falleron.
(2) Commune de la Garnache.

Jean Cantin demeurant à la Jaubretière commune
de falleron

a Esté arresté près de sa demeure,

Demandé aquelle heure Les Cavaliers Brigands
ont apporté Une Lettre à son père Depuis Deux à
Trois jours

a dit qu'ils ny sont pas venus mais que c'est sa
sour qui La aportée de saint Étienne Du Bois,

Demandé ce que sa souer a Esté faire [à] saint
Etienne

a dit qu'elle n'en scait Rien,

Demandé si son pere ayant reçu cette Lettre ne
sest pas empréssé a chercher Des Bouviers Et du
Bled,

a dit que non Et qu'il n'y voulut pas aller,

Demandé si Elle sçait qui a Enlevé Les Bleds de
poizac Les précédentes nuits

a dit ne pas le scavoir,

Demandé si quelques uns de son villaje n'ont
pas conduit Du Bled aux Brigands Et ne Lont pas
caché dans Les Bois

a dit que non

Jacques Caillonneau agé de Trente un ans Laboureur demeurant à la métairie de la porte de
Breuilherbault commune de falleron

a esté arresté Trainant ses vaches dans un
champ proche sa maison Declarant avoir esté pris
une première fois par des Dragons et conduit a
freligné (1) Et à machecoul D'ou il fut renvoyé,

---

(1) Commune de Touvois (Loire-Inférieure) Il y a là une
chapelle de la Sainte Vierge avec pèlerinage très frequenté le
8 septembre. Freligné touche Falleron.

que La veille de son arestation Estant à la Gitte du
Souzeau a moudre du Bled, que Jean Cantin de la
Joubretiére, y fut avec cinq ou six cavaliers Et
une vingtaine de fantassins, qu'ils Luy deman-
dèrent du grain mais quil leur dit n'en Point avoir,
qu'ils demandèrent ensuite des Bouviers Et qu'il
Leur dit n'avoir ni Bœufs ni charettes. Sur cela
Ils s'en furent

demandé si les Brigands ne vont pas souvent
chez le dit Cantin,

a dit qu'il ne le sçait Pas,

demandé si ses Bleds sont ramassés

a dit qu'il y En a Encore Dans les champs ;

demandé s'il n'y a pas un comité à la Joubretiére

a dit ne pas le savoir,

demandé ce qu'il a fait de sa récolte de L'an
dernier Delaquelle Il n'a rien donné à son maître
a dit qu'ils l'ont Toute manjée

Jean Cantin Lejeune fils de Jean ci-dessus ajé
de douze ans, demeurant à la Jaubretière, commune de Falleron

a esté arrêté couché dans des paillés pres dudit
village estant avec Jaques Renaud dans Un
champ où le dit Renaud Battait son Bled, que les
Brigands vinrent trouver son père au soir Estant
environ une cinquantaine Tant cavaliers que pié-
tons Du nombre desquels Estoient Guillon et Vol-
lard du pas de Grandlandes, qu'ils Venoient De la
Garde du sablon a la forest de Touvois Et Deman-
daient Du Grain, qu'ils En Emmenèrent Deux
Chartées de celluy de la Cauterie au citoyen Bou-
vier,

Demandé si son père ne fut pas à la Cauterie Et
Dans les Bois De Breuilherbault avec Eux,
     a dit que non

Jacques Mallard agé de trente six ans ou Environ, Laboureur de profession Demeurant à la Jaubretière commune de falleron
   a Esté pris chez Luy, gardant ses Bestiaux Dans
un champ qui Est partie en Tailly, Dit navoir pas
Vû des Brigands La veille de son arrestation ayant
Esté à Grandlandes chercher du pain chez son
Beaufrère Morisset ; a dit qu'il y a un conseil
composé de Jean Cantin, Barreau, L'un des Bou-
quards de la Couroitière, que ce conseil Esté
formé depuis huit jours, mais quil Ignore quelles
En ont Etés Les opérations,
   Demandé s'il a connaissance de ceux qui ont
Enlevés Le Bled du poizac Depuis peu de jours,
   a dit que non, que Les cavaliers Brigands abor-
doient chez Jean Cantin, mais qu'ils ne viennent
pas souvent Et que charette y a couché une nuit.

Jacques Renou ajé de Trentehuit ans Laboureur
demeurant à la Canterie, commune de falleron
   arresté dans son ayre chez Luy Et conduit Le
jour Dhier au Ligneron Et Dela Icy (1)
   Demandé s'il sçait pourquoy Il a Esté arresté a
dit que non
   Demandé s'il na pas conduit de son Bled aux
Brigands
   a dit que mercredy vieux stile (2) Dix fructidor,

______

(1) À Challans
(2) Les noms des jours de la semaine étaient supprimés pendant la Révolution. En style republicain le 10 Fructidor était
Décadi de la première décade, jour de l'échelle.

ayant conduit ses deux Grands Bœufs au Ligneron
a son Retour Une Trentaine de Brigands furent
Euxmêmes chercher des Bœufs Et Une Charette
Du costé De La Moinetière ou La Gautrelière, que
Jean Cantin Et plusieurs Brigands y arrivèrent
pendant que L'on chargeait, que Ledit Cantin dit
quil ne pouvait Lanpescher, qu'ils En Emmenèrent
quatre à cinq chartées de plusieurs métairies quil
na point connaissance de ceux qui Estoient au
poizac

> Pour copie par Extrait Conforme
> au Cahier De nottes de Beaucoup
> d'autres detenus Et Envoyés à fon-
> tenay Par Devers le Général En
> chef conformément aux proclama-
> tions des Représentants Dupeuple
> Cormier pr le P^dt
> Moïseau p. le S^re

II

Voici la fameuse lettre trouvée :

> Copie d'une lettre de Mon-
> sieur Chaignon, inspecteur
> particulier à Messieurs les
> officiers du conseil de fale-
> ron, daté de... 25 août 1794.

Votre requeste est des plus instante et des plus
pressante ; en conséquence je vous autorise à
prendre des Bœufs d'aborg dans les Métairies des
patriotes et s'il n'y en a pas dans celle des royalistes absens, et toujours sous la responsabilité et
pour le temps des récoltes seulement pour mettre
dans les métairies qui n'en ont point.

Tenez le plus exactement que vous pourrez votre registre de dépenses et de recette.

Marquez-moi quant vous le pourez si vous avez beaucoup de Bled et ce que vous en faite, marquez moi aussi où vous tenez le lieu de vos séances et quel jour

Je vous fais passer un peu de papier

je suis

Messieurs

Votre très humble et très obéissant serviteur

signé Chaignon (1)
Inspecteur particulier

Certifié conforme à l'original par ladjudant général commandant provisoirement la subdivision de gauche de la 1re division.

Guérin

C

Envoi de prisonniers
à Nantes

Le district de Challans envoya à Nantes André Brechet et Jean Cantin et leur adjoignit un troisième prisonnier sur lequel nous n'avons malheureusement que peu de renseignements. Madame Lebreton-Jouqualière était probablement de Beauvoir-sur-Mer.

I

Liberté   Egalité   Fraternité

Challans ce 14 fructidor 2me année de la république française une et indivisible.

---

(1) Il faut l'identifier avec Chaignon, régisseur à Montaigu, qui fit partie du comité institué par les insurgés de mars 1793.

> Les administrateurs du district
> de Challans à la comission mi-
> litaire extraordinaire révolu-
> tionnaire etablie à Nantes.

Republiquains

Nous vous adressons sous escorte, Jean Cantin, André Brechet et la femme Joucaillère accusés de crimes contrerevolutionnaires, nous joignons Icy Les pièces qui sont relatives a chacuns d'eux, mais nous n'avons pas encore Touttes celles qui nous sont promises. En consequance nous vous Invitons de ne pas presser Les Jugements de ces Individus Jusqu'à ceque nous puissions nous procurer et vous faire passer Les dittes pièces cequi ne tardera que peu de jours. Veuillez Bien nous accuser La reception

Salut Et fraternité

Cormier

II

A Challans, le 17 fructidor l'an 2me de la république une et indivisible.

Le commandant de la place de Challans à l'accusateur public près de la commission Militaire de Nantes.

Citoyen, je te préviens que je fais conduire à la commission, d'après l'ordre de l'administration du District les nommés André brechet, Jean Cantin et la femme Jouqueliére. l'envoy des pièces qui concernent ces trois accusés a du les précedder et tu les as probablement reçues : je te prie de m'en accuser la réception.

Salut et fraternité

Menut

Les historiens des guerres de Vendée paraissent ignorer l'existence du comité royaliste de Falleron. Chassin, pourtant très documenté, n'en dit absolument rien.

Puisse la publication de ces documents attirer l'attention sur ce point de notre histoire locale.

(A suivre.) Ch. GRELIER.

Petit Musée Traditionniste

250. — Croyances et Superstitions populaires : Les Fées dans la tradition vendéenne *(suite)*. — *I. Physionomie d'ensemble de la Fée bas-poitevine*. — D'après Littré, les fées seraient des « êtres fantastiques à qui l'on attribuait un pouvoir surnaturel, le don de divination et une grande influence sur la destinée, et que l'on se figurait avec une baguette, signe de leur puissance. » La définition est quelque peu vague, mais les savants, qui ont la prétention d'élucider tous les mystères, se sont évertués à vouloir percer celui de ces « êtres fantastiques » au sujet desquels il n'est peut être pas un peuple qui ne fournisse son contingent de merveilleuses légendes. Ceux qui disent savoir se sont donc attachés à la solution du problème, et, comme cela arrive toujours en pareil cas, la bataille s'est engagée sur toute la ligne, aucun des perceurs de mystère n'ayant la même méthode d'investigations, ni les mêmes yeux, ni les mêmes outils, ni la même façon d'envisager les choses de l'Au delà. Ce qui fait qu'on s'est beaucoup disputé — sans jamais pouvoir s'entendre — tant sur l'étymologie celtique, kymrique, germaine, latine, sanscrite ou même hébraïque du mot *fée*, que sur l'origine païenne, celtique, gauloise, latine, chrétienne ou biblique de la croyance à ces énigmatiques esprits.

L'origine de cette croyance serait celtique d'après le baron Walkenaër, latine d'après M. Ch. Giraud, chrétienne et biblique d'après M. François-Victor Hugo, lequel assigne aux fées une place intermédiaire entre les bons et les mauvais anges. Il pourrait avoir raison, dans une certaine mesure, car on doit bien admettre que toute superstition, comme toute croyance, se rattache au moins indirectement à la Bible où se trouve en dépôt la révélation, c'est-à-dire la religion primitive enseignée par Dieu lui-même et successivement déformée depuis, au cours des siècles, par les faux dogmes du paganisme et les absurdes pratiques de l'idolâtrie.

Quoi qu'il en soit des dissertations beaucoup trop compliquées — et toutes plus ou moins embrouillées — auxquelles se sont livrés à ce sujet messieurs les savants, et pour nous en tenir à ce que les données de la tradition vendéenne nous laissent entrevoir de la solution du problème, il est certain que nos fées locales semblent avoir, au premier abord, une origine nettement païenne, mais sous cette réserve que le cachet païen, ici, se nuance d'une teinte légèrement chrétienne.

Chez nous comme ailleurs, aux premiers siècles de l'ère nouvelle, les convertisseurs des Gaules avaient tout d'abord visé à la tête, en s'attaquant surtout aux principaux dieux officiels du culte jusqu'alors régnant, et ils finirent, non point sans peine, par les détrôner peu à peu. Mais les conver-

tis, dont la conversion était beaucoup plus senti-
mentale que raisonnée, ne manquèrent pas et ne
pouvaient guère manquer d'adapter à leur nouvelle croyance le souvenir des divinités infé-
rieures qui, la veille encore, avaient tant de part à
leur culte et qu'il leur était bien difficile, d'ailleurs, de ne pas confondre quelque peu avec les
nouveaux esprits (bons ou mauvais anges) que la
religion victorieuse leur présentait : les bons,
comme ayant droit tout au moins à un culte de
dulie ; les mauvais, comme les ennemis acharnés
du genre humain. De là tout un amalgame dans
les pratiques religieuses populaires, et telle semble bien être l'origine de toutes ces superstitions
mêlées de christianisme, de toutes ces croyances
aux pierres et fontaines hantées, aux fadets, farfadets ou fradets, aux fées enfin qui, en outre,
évoquent le souvenir des fameuses *fadae* ou *fati-
dicae* qu'étaient les prophétesses du druidisme
gaulois.

Du mélange mi-païen et mi-chrétien ainsi pré-
sumé et déjà si vraisemblable nous trouverons
plus loin la preuve en notant çà et là dans la tradition vendéenne, et un peu sur tous les points de
notre territoire, la croyance aux fées bâtisseuses
d'églises. Ajoutons seulement, pour compléter la
physionomie d'ensemble de ces fées « de chez
nous » :

1° Que, s'il ne faut pas les confondre avec les fadets, farfadets ou fradets, elles ont néanmoins
avec cette autre catégorie d'êtres fantastiques des
relations certaines, même de parenté, mais toujours de puissance supérieure à puissance inférieure, les fadets, farfadets ou fadets étant géné-

ralement au service et sous la protection des fées ;

2° Qu'elles sont bonnes ou méchantes, bienfaisantes ou malfaisantes, suivant qu'on les traite elles-mêmes bien ou mal ;

3° Qu'elles sont exclusivement noctambules ;

4° Qu'enfin elles sont naturellement gaies ; qu'elles aiment beaucoup la danse ; que, suivant l'une des croyances les plus populaires du Bocage, les petits cercles que l'on voit, le matin, dessinés par la rosée dans les prés, marquent l'emplacement de leurs rondes nocturnes, et qu'il faut bien se garder de laisser paître les bestiaux dans l'intérieur de ces cercles avant midi, l'herbe qui y pousse étant amère et nuisible tant qu'elle n'a pas été suffisamment chauffée par les rayons du soleil.

(A suivre.)

Deux aliments bien précieux

Petits Papiers de la V. M.

Un curieux document sur la pacification de la Vendée

Grâce au rétablissement de la liberté du culte accordée longtemps avant le Concordat, la Vendée était déjà pacifiée depuis plus d'un an lorsque l'épée du Premier Consul imposa à l'Autriche le traité de Lunéville. Ce fut pour célébrer ce grand événement que les abbés Paillou et Mady, vicaires généraux chargés d'administrer l'ancien diocèse de Luçon au nom de Mgr de Mercy non encore rentré d'exil, adressèrent à tous les prêtres et fidèles du territoire vendéen un mandement daté du 9 mars 1801 et ainsi conçu :

« Nous n'avons cessé de gémir, nos très chers frères, sur la fureur et la longue durée d'une guerre qui a coûté tant de sang à la France... Enfin nous venons de l'obtenir, cette paix si nécessaire à toute l'Europe, par les soins et la persévérance du grand homme qui est à la tête du gouvernement de la France. Déjà, depuis un an, notre malheureux pays, trop longtemps déchiré par des divisions intestines et désolé par les fureurs d'une guerre civile, avait été pacifié par la sagesse de ce premier magistrat de la République. Aujourd'hui une paix générale dans tout le continent succède à cette guerre cruelle qui agitait l'Europe entière...

» C'est Dieu qui a inspiré au gouvernement ces vues pacifiques qui l'ont porté à se contenter, après une suite de nouvelles victoires, des mêmes conditions qu'il offrait aux ennemis de la France

avant l'ouverture de la dernière campagne. C'est
Dieu·qui a béni cet ardent désir de la paix; en
réduisant les ennemis de la France à ne pouvoir
plus résister. La guerre, ce fléau si terrible, avait
été le châtiment de nos péchés. La paix nous
annonce le retour des jours de sa miséricorde.
Mettons-les à profit, ces jours favorables, conver-
tissons-nous sincèrement à Dieu et méritons par
là que la paix dont nous allons jouir soit durable,
pour que la France puisse réparer ses pertes et
voir renaître les jours d'une heureuse prospérité;
tâchons de mériter et d'obtenir, par nos prières
et nos vertus, que Dieu daigne consommer le
grand ouvrage de la paix, en humiliant les mor-
tels ennemis de la France (les Anglais) et en les
réduisant à la nécessité de la conclure.

» Au reste, nos très chers frères, en rapportant
à Dieu, comme nous le devons, l'avantage d'avoir
obtenu la paix, persuadons-nous bien que cela ne
nous dispense pas de l'obligation de témoigner
notre reconnaissance envers les chefs du Gouvernement dont il s'est servi pour nous la procurer.
Respectons l'autorité dont ils sont revêtus, et n'oublions jamais que c'est pour nous un devoir de
conscience de leur obéir et de leur être soumis
dans l'ordre temporel qu'ils gouvernent ; nous
devons d'autant moins y manquer, que *c'est à eux
que nous sommes redevables du libre exercice de
notre culte* et de la tranquillité dont nous jouis-
sons. Prions pour eux, selon le précepte de l'a-
pôtre saint Paul ; demandons pour eux les grâces
qui leur sont nécessaires, et songeons que prier
pour eux c'est prier pour nous. En nous procurant
la paix, ils se proposent d'achever de la consolider

dans l'intérieur ; entrons sincèrement dans leurs vues, oublions tous les malheurs passés, oublions nos divisions, oublions jusqu'aux noms qui ont distingué les différents partis, pour n'être plus que des Français chrétiens et catholiques, de véritables amis de l'ordre et de la paix. Qu'il s'établisse parmi nous une réconciliation sincère, une remise généreuse des torts et des dommages que chacun peut avoir soufferts, une réunion entière qui nous annonce le règne de la charité de Jésus-Christ. »

Etymologies Vendéennes

196. — Saint-Aubin-les-Ormeaux. — Saint Aubin, évêque d'Angers, compte parmi les apôtres les plus célèbres du VIᵉ siècle. Les Bollandistes nous apprennent que sa réputation s'étendait bien au-delà des limites de son diocèse et que, plus d'une fois, sa voix et ses conseils furent écoutés à la cour du jeune royaume de France. Il s'était surtout rendu populaire par son zèle pour la prédication : presque chaque jour il prêchait, soit à Angers, soit, au cours de ses incessantes visites pastorales, sur tous les points du territoire confié à son administration, soit même, de temps à autre, dans les villages ou bourgades qui dépendaient alors du vaste diocèse de Poitiers et avoisinaient l'Anjou. C'est ainsi qu'une antique tradition locale, notée par l'abbé Boutin dans ses *Légendes des Saints du Propre de Luçon*, rapporte qu'un jour le zélé prédicateur vint prêcher près de la

Bruffière, sur un coteau abrupt situé en face de Tiffaugés et qui, depuis, porte le nom de *Pierre-Saint-Aubin*. Or, comme la *Pierre-Saint-Aubin* se trouve à environ deux lieues de Saint Aubin-les-Ormeaux, il est très vraisemblable — sinon absolument certain — que ce fut en souvenir de cette prédication dans le voisinage que, plus tard, lors de sa fondation, notre paroisse bas-poitevine reçut le nom de *Saint-Aubin*.

Elle n'en porta point d'autre pendant longtemps. Le recueil officiel du *Grand Gauthier*, au XIV° siècle, la mentionne seulement, en effet, sous ce nom de *Saint-Aubin: Ecclesia Sancti Albini*. Ce ne fut que bien plus tard qu'on ajouta la dénomination complémentaire *les-Ormeaux*.

Quand, pourquoi et à quelle occasion ? Aucun document officiel précis ne nous l'apprend. Mais tout porte à croire que ce fut à la suite des célèbres plantations dues à l'initiative de Sully, le grand ministre de Henri IV, dont une ordonnance, datée de l'année 1605, prescrivait de planter au moins un orme dans chaque bourgade, en face de l'église paroissiale.

En exécution de cette ordonnance, chaque église de campagne eut donc bientôt son orme ; et comme le cimetière, alors, joignait presque toujours l'église, ce fut généralement au milieu du champ des morts que se fit la plantation. A Saint-Aubin on ne se contenta pas d'un seul orme, mais on en mit plusieurs qui, bientôt, trouvant là sans doute un terrain plus particulièrement favorable, grandirent rapidement et devinrent un objet d'admiration pour tout le pays : telle pourrait bien être l'origine de la dénomination complémentaire *les-Ormeaux*, à moins que ce complément n'eût été ajouté antérieurement, comme une réclame à de nombreux ormeaux déjà existant sur le territoire de la paroisse.

Toujours est-il que, parmi les ormeaux plantés dans l'ancien cimetière de Saint-Aubin, il y en avait un, surtout, qui était de proportions gigantesques et que les fidèles avaient en grande vénération. Comme il tombait de vétusté lorsque le cimetière, il y a environ un demi-siècle, fut éloigné de l'église et transporté en dehors du bourg, on dut l'enlever en même temps que plusieurs autres ; mais on eut soin de conserver un spécimen de la collection, choisi parmi les plus vigoureux. Ce survivant, qui se dresse encore sur la place ménagée en face de l'église, hérita d'une partie de la popularité dont jouissait le géant tombé, et l'administration municipale l'a entouré d'un petit rempart de maçonnerie pour le protéger contre tout accident de roulage. De sorte que si le Saint-Aubin du canton de Mortagne n'a plus aujourd'hui la parure entière des beaux ormeaux qui semblent lui avoir valu jadis sa dénomination complémentaire, il en conserve néanmoins un échantillon destiné à rappeler le souvenir de ce second baptême.

197. — Saint-Aubin-la-Plaine. — De même que son homonyme de l'article précédent, Saint-Aubin-la-Plaine, à l'origine, s'appelait *Saint-Aubin* tout court : *Ecclesia Sancti Albini*, lit on dans le *Grand-Gauthier* du xiv⁰ siècle. Mais l'adjonction *la-Plaine* s'affirme officiellement dès la première moitié du xvi⁰ siècle, car les procès verbaux des visites épiscopales conservés au Manuscrit de Luçon, et qui datent de cette époque, portent : *Sanctus Albinus de Plana.*

Pour se second Saint-Aubin, l'étymologie du nom primitif est évidemment la même que pour le premier. Quant à l'adjonction *la-Plaine,* elle s'explique tout naturellement par la topographie locale, et aucune dénomination complémentaire ne pouvait mieux convenir pour distinguer du touffu Saint-Aubin de la région bocaine le Saint-Aubin dénudé qui n'a guère d'autre ombrage que celui de son petit clocher jouant au géant (tout est relatif ici-bas !) au milieu du terrain plat qui l'entoure.

Ce que tout le monde ne sait pas

Petites Chroniques Vendéennes

57. — Supplément à l'enquête sur les centenaires en Bas-Poitou. — Lorsque parut, dans la *Vendée Historique* d'octobre 1913, mon essai d'enquête sur les centenaires en Bas-Poitou, un fidèle abonné de la Revue, M. Julien Merland, ancien magistrat, eut l'amabilité de m'écrire qu'il croyait être sur la piste d'un autre cas de longévité au dix-neuvième siècle et qu'il ne manquerait pas de me communiquer le résultat des recherches auxquelles il allait se livrer pour essayer de tirer l'affaire au clair. Ce résultat fut heureux et la promesse bien tenue, car voici l'intéressante lettre que m'adresse mon aimable correspondant :

» Cher Monsieur,

» Il y a quelque temps, après avoir lu dans la *Vendée Historique* l'article concernant les centenaires vendéens, je vous écrivais que je croyais bien en avoir connu un, ou plutôt une autre et que, lors de mon prochain voyage en Vendée, je m'assurerais du fait.

» Je ne m'étais pas trompé.

» Jeanne Jolly est née aux Halles, commune de Challans, le 16 décembre 1797. Elle s'est mariée dans cette localité, en 1824, avec Pierre Fouquet, cultivateur. De ce mariage sont nés neuf enfants. Elle est décédée le 23 avril 1898 (101 ans, 4 mois et 7 jours), à la ferme de la Boulimière (même commune de Challans).

» Cette ferme, qui appartient aujourd'hui à Mme Merland, et qui alors était la propriété de sa

mère, Mme Musset, est toujours exploitée à moitié
fruits par le fils de la centenaire, âgé de soixante-
douze ans. Il a bon pied, bon œil, et j'espère bien
qu'il suivra l'exemple de sa mère.

» La vie de la mère Fouquet a été celle de toutes
les cultivatrices. Elle s'est écoulée paisiblement
dans la commune de Challans que la bonne femme
n'a jamais quittée. Son centenaire est passé bien
inaperçu et n'a été, que je sache, l'objet d'aucune
manifestation.

» Alors que je recueillais ces renseignements
de la bouche même du petit-fils par alliance de la
mère Fouquet, celui-ci me faisait connaître que,
vers la même époque 1898, décédait également à
la Garnache une autre centenaire. Je n'ai pu m'assurer du fait et ne puis le garantir. Il vous serait
facile de consulter les registres de l'état-civil déposés au greffe du tribunal des Sables-d'Olonne.

» Vous signaliez au dix-neuvième siècle trois
centenaires en Vendée. J'en découvre un quatrième et peut-être un cinquième, celui de la
Garnache. Heureux si en vous adressant cette
lettre j'ai pu vous être agréable.

» Veuillez agréer....

» Julien MERLAND. »

Pour savoir à quoi m'en tenir sur la piste signalée du côté de la Garnache, je m'empressai d'écrire
là-bas à un autre ami de la *Vendée Historique*,
M. l'abbé Clavier, et de l'enquête à laquelle celui-ci
eut l'obligeance de se livrer, il résulte que le ren-
seignement un peu vague fourni à M. Julien Merland était exact.

Le 5 février 1895, en effet, décédait aux Poteries,
en la Garnache, Zoé Guillonneau, bel et bien cen-

tenaire. Originaire de la paroisse de Falleron, elle y était née en 1794, à l'époque des *colonnes infernales*, et avait été baptisée, non point à l'église, alors inaccessible, mais dans les prés de la Chauvière, village qui se trouve sur la route de Froiddefont.

Mariée à un sieur François Gauvrit, elle en avait eu une dizaine d'enfants dont deux filles, toutes deux veuves, sont encore vivantes. Sa longue vie, hélas ! ne fut point heureuse. Le mari étant impotent, la pauvre femme devait pourvoir seule à tous les soins du ménage. De même que celui de la mère Fouquet de Challans, son centenaire ne fut l'objet d'aucune manifestation.

Biographie de Charette

(SUITE)

A la suite de cette affaire, Joly, commandant de la division d'Aizenay, homme très brave, très actif, mais non moins ambitieux, essaya vainement de disputer l'autorité à Charette. Pour empêcher à l'avenir de semblables prétentions, il y eut aux Herbiers une assemblée des principaux officiers, qui dut choisir en bonne forme et d'une manière définitive un général en chef ; car, jusqu'alors, Charette, élu seulement, dans l'origine, commandant de Machecoul et des environs, n'avait occupé le commandement suprême que par consentement tacite. Quelques uns penchaient pour M. de Couëtus, plus ancien militaire que Charette et décoré des ordres du roi ; mais M. de Couëtus lui-même engagea tous les votants à porter leurs voix sur Charette, qui fut élu. Le procè-verbal de cette nomination est conçu en ces termes :

« Aujourd'hui neuf décembre 1793, à onze heures du matin, nous soussignés, officiers et chefs de canton de l'armée catholique et royale du Bas-Poitou, étant rassemblés au bourg des Herbiers pour nommer et reconnaître un général en chef de ladite armée, et voulant de plus en plus témoigner notre confiance et notre attachement à M. François-Athanase chevalier de Charette-Contrie, ancien lieutenant des vaisseaux du roi, déclarons et attestons le nommer et reconnaître pour général en chef de l'armée catholique et royale du Bas-Poitou. Nous promettons et jurons de lui obéir en tout et partout où il lui plaira de nous conduire, comme représentant la personne de Louis XVII, notre roi et souverain seigneur. En conséquence nous avons fait rédiger le présent procès-verbal par M. Baudry de la Garnache, président de l'assemblée, et M. Bousseau, de Saint-Philbert, adjoint, dont copie sera présentée par députation à M. François-Athanase chevalier de Charette-Contrie ; et ont été nommés à cet effet MM. de Couëtus, Savin, Eriau, Arnaudeau, de la Robrie, Beaudreau, Le Moël et Gareau.

» La députation priera M. Charette d'accepter la place de général en chef, ainsi que la copie du procès-verbal, laquelle sera signée par tous les officiers de l'armée, et mention sera faite ci-après de son acceptation. Fait aux Herbiers, le 9 décembre 1793. BAUDRY, président ; BOUSSEAU, adjoint. »

Le pays qui fut ainsi placé définitivement sous l'autorité de Charette va depuis les portes de

Nantes jusqu'auprès de Luçon, et depuis la rivière de la Maine jusqu'à l'Océan, sur une étendue d'environ vingt-cinq lieues du Nord au Sud et quinze lieues de l'Est à l'Ouest. Boisé dans l'intérieur, coupé par un grand nombre de ruisseaux et de petites rivières, et, vers la mer, par quantité de canaux ou étiers, ce pays est tout à fait propre à la guerre défensive : néanmoins, pour tirer un si grand parti de ces ressources naturelles, il fallait posséder celles du génie.

Charette ne signa son acceptation que d'après le refus formel de M. de Couëtus. Le même jour, il fut de nouveau reconnu, en présence de sa petite armée, comme général en chef, aux cris de : *Vive le roi ! Vive le général !* et renouvela, devant elle, le serment de combattre et de mourir pour le trône et la religion.

Le lendemain, l'armée, couchant au Boupère, fut attaquée pendant la nuit, par suite de la trahison de quelques *patauds* qui allèrent avertir les républicains. Les royalistes, quoique surpris, se mirent si promptement en défense, que les Bleus furent repoussés avec perte. Les Vendéens n'eurent que trois hommes tués et sept blessés, parmi lesquels M. Pichard, aide de camp de M. de Couëtus. La nuit suivante, ils rendirent la pareille aux Bleus, et avec plus de succès. Un détachement républicain, surpris pendant son sommeil, fut exterminé presque en entier.

L'armée se reposa quatre jours à Pouzauges. Toujours franc et loyal, Charette eut une explication avec Joly. Il l'engagea fortement à sacrifier, en vrai royaliste, toute prétention personnelle au bien de la cause commune. Joly parut comprendre ce noble langage, et il fut convenu que, désormais, son corps et celui de Charette ne feraient plus qu'un.

On profita de ce séjour à Pouzauges pour organiser l'armée plus régulièrement. M. David Desnaurois fut nommé major-général ; Hyacinthe de la Robrie, major en second ; Marchand et Ponce, aides-majors ; de la Grossetière, du Temple, de Langerie, de la Roche-L'Epinay, adjudants majors ; Baudry, intendant général pour les vivres, et Bousseau, adjudant. Les cavaliers furent partagés en quatre compagnies, formant ensemble trois cent vingt-deux hommes. Telle était toute la cavalerie de cette armée, qui tenait en échec de si grandes forces.

Vers la fin de décembre, Charette se porta sur Maulévrier. Il songeait à attaquer Cholet et Mortagne. Déjà un grand nombre de paysans de l'Anjou et du Haut-Poitou se joignaient à lui ; mais MM. de la Rochejaquelein et Stofflet étaient parvenus à passer la Loire et reparurent dans le pays où ils avaient commandé. Charette, après une entrevue avec M. de la Rochejaquelein, jugea que chacun devait garder son ancien territoire, et il reprit la route du sien.

De faux avis détournèrent Charette d'attaquer la Roche-sur-Yon, dont le commandant et tous les habitants, sur le bruit de sa marche, s'étaient déjà retirés aux Sables. Plusieurs *patauds* étaient venus à la Ferriére, où Charette avait couché, pour s'informer de ses forces. Ils y furent trouvés par un détachement de Bleus, qui les prirent pour des royalistes. Leurs protestations n'étant pas écoutées, ils demandèrent d'être conduits à la

Roche-sur-Yon pour s'y faire connaître ; mais la ville était déserte, et ces *patauds* furent mis à mort par les Bleus eux-mêmes. Il en arriva ainsi plus d'une fois. Telle était la fureur sanguinaire des républicains qu'ils massacraient tout sans distinction ; on les vit fusiller ainsi jusqu'à des municipaux, qui s'étaient crus abrités par l'écharpe aux trois couleurs.

Les Bleus avaient, à Machecoul, une garnison de douze cents hommes ; Charette conçut l'espoir de s'en emparer par une brusque attaque. Parti de Saint-Denis-la-Chevasse, il arrive près de la ville. Le commandant, nommé Naudy, était absent. Un officier disait tranquillement : « Je voudrais bien voir Charette. — Le voilà, s'écrie une femme, prenez garde à vous ! » Mais en un moment les Bleus, pris entre deux feux, n'eurent plus d'autre ressource que de fuir hors de Machecoul ; le plus petit nombre s'échappa ; car sur onze cents, on en compta sept cent trente-neuf couchés par terre.

Un canon et beaucoup de provisions restèrent aux royalistes, qui célébrèrent, par cette victoire, la fin de l'année 1793.

Mais, dès le lendemain 1er janvier, trois colonnes vinrent accabler Charette. Il combattait à pied ; son fusil fut coupé par une balle. Entouré trois fois par la cavalerie ennemie, trois fois il fut délivré par la sienne. Sa troupe fut dispersée : il ne s'en rallia qu'une petite partie à Saint-Philbert. Et cependant avec ce faible débris, Charette revient attaquer Machecoul, afin d'y reprendre le matériel conquis deux jours auparavant. Il fut au moment de réussir ; enfin le nombre l'accabla encore. Charette avait fait traiter avec le même soin, dans l'hôpital de Machecoul, les blessés royalistes et les républicains. Ceux-ci dénoncèrent leurs compagnons de souffrance qui furent portés dans une prairie, derrière l'hôpital, et fusillés.

Après cette dernière affaire, Charette erra dans les paroisses de la Chambaudière, des Lucs, de Saint-Sulpice, de la Copechagnière, de Saligny, trouvant à peine de quoi vivre, et attendant que ses soldats épars se fussent un peu remis pour de nouveaux combats.

Pour comble de malheur, Noirmoutier, attaqué par terre et par mer, venait (2 janvier 1794) de retomber au pouvoir de l'ennemi, que commandait le général Haxo. Après une résistance honorable, M. de Tinguy, contre l'avis des siens qui ne se fiaient pas à la parole révolutionnaire et préféraient mourir les armes à la main, conclut une capitulation. La garnison, composée d'environ mille hommes, se rendit prisonnière de guerre ; le salut de tous était solennellement garanti. Au mépris de la foi jurée, il y eut un massacre épouvantable : on fusilla les prisonniers en masse ; à peine quelques-une purent-ils s'échapper. M. de Tinguy, avant d'être mis à mort, eut, dit-on, la langue arrachée. M. d'Elbée, très grièvement blessé à la bataille de Cholet, était venu chercher un asile à Noirmoutier. Après l'avoir tourmenté, pendant cinq jours, de questions et d'outrages auxquels il opposa une admirable fermeté, les Bleus le mirent dans un fauteuil, car il ne pouvait se tenir debout, et le fusillèrent. Sa vertueuse épouse périt avec lui, ainsi que son beau-père, M. Duhoux d'Hauterive, et plusieurs autres réfugiés de la Grande Armée. De ce nombre étaient les deux petits Le Maignan de l'Ecorce, deux enfants que leur âge ne protégea pas. Beaucoup d'habitants de l'île eurent le même sort.

Cette affreuse catastrophe ne put décourager Charette. Ayant fait un rassemblement aux Essarts, il se porta sur Saint-Fulgent et y battit l'ennemi. Mais, quelques jours après, retiré dans la forêt de Grâla, il y fut attaqué et reçut une balle qui lui fracassa un bras près de l'épaule. Depuis le commencement de la guerre, c'était sa première blessure. On eut peine à trouver, dans la paroisse de Maché, du beurre frais pour le pansement. Les soldats enduraient de bien cruelles privations ; mais ils ne songeaient plus à la faim ni à la misère, en voyant souffrir leur général, et ces hommes de fer avaient les yeux mouillés de larmes.

C'était alors le moment où la Convention lançait sur la Vendée ses horribles colonnes infernales. Elle exceptait seulement de la destruction les villes et les bourgs occupés par des garnisons et des cantonnements qui travaillaient à en convertir la population par les plus infâmes exemples de débauche et d'impiété ; car la Révolution, se rendant ainsi à elle-même une sorte de justice, savait bien que le vice et la corruption étaient ses meilleurs auxiliaires. Tous les villages ou hameaux, toutes les habitations isolées étaient vouées au feu et à la flamme : on ne devait pas y laisser un être vivant, sauf à repeupler ensuite les campagnes avec les *patriotes*. Il y avait ordre de brûler même les haies et les bois. En conséquence, les colonnes infernales parcouraient le pays dans tous les sens, s'annonçant de loin par l'incendie, ajoutant à leurs massacres des raffinements de barbarie et d'impureté qu'il n'est pas possible de décrire, brûlant des femmes et des enfants dans des fours, portant en guise de trophées des nouveau-nés au bout de leurs baïonnettes. Telles sont les horreurs auxquelles présidait le drapeau tricolore. Elles sont consignées même dans des rapports républicains.

A l'approche de ces hordes d'égorgeurs et d'incendiaires, ce qui restait de la population se sauvait dans les forêts, où les Bleus n'osaient guère se risquer. Souvent Charette et ses braves, tombant sur eux tout à coup, leur firent payer cher tant de crimes.

M. de Sapinaud, chef du pays où avait commandé M. de Royrand, mort dans la campagne d'outre-Loire, était venu soutenir Charette. Ils avaient ensemble trois mille hommes, quand ils furent attaqués, dans le bourg de Chauché, par trois colonnes plus fortes d'un tiers. Elles furent complètement battues et perdirent environ huits cents hommes. La blessure de Charette le privait de l'usage du bras. Il n'en monta pas moins à cheval, fit attacher sa bride à sa boutonnière, et courut au feu.

Le général royaliste se porta ensuite dans les paroisses de Saint-Colombin, de la Limouzinière, de Dompierre, de Falleron, où les Bleus promenaient l'incendie. La colonne de Falleron fut détruite presque entièrement. Il n'en revint à Legé que vingt-deux cavaliers et huit fantassins. Un cantonnement de cinq cents hommes fut surpris à Saint-Philbert : il ne s'en sauva pas quatre-vingts. Les Bleus se préparaient à fusiller plusieurs femmes, qui furent délivrées. Quelques jours après, les landes de Béjarry virent une nouvelle défaite des républicains.

Charette conçut même le projet d'attaquer Legé, malgré la forte garnison qui l'occupait, avec plusieurs pièces de canons. Couëtus se présente par le chemin du Luc, Joly par celui de Rocheservière, Charette lui-même par celui du Pont-James. Partout, dans les villages, on ne trouvait que cendres et ruines. Exaspérés par ce spectacle, les royalistes se précipitent dans Legé, sous le feu de l'artillerie: la garnison presque tout entière est taillée en pièces ou noyée en s'enfuyant ; on s'empare de quatre canons, de trois caissons pleins de gargousses et de cartouches, de beaucoup de provisions, farine, vin, eau-de-vie, étoffes et habillements. Les Vendéens n'eurent que très peu de morts. De ce nombre fut un fils de Joly. Un autre de ses fils servait à contre-cœur sous le drapeau républicain : il périt le même jour. Tous les deux furent enterrés ensemble dans le cimetière de Legé. Que de maux enfantés par cette révolution qui forçait un de ces jeunes gens à combattre son père, son frère, ses amis, son pays, armés pour la plus sainte cause !

Charette n'avait pas l'intention de garder Legé. Il fit charger les provisions sur des voitures et les emmena. Il conduisait de la sorte, à la suite de sa troupe, tout ce qu'il gagnait dans les combats, ainsi que ses blessés, car il n'avait aucune retraite sûre, aucun lieu de dépôt. On est stupéfait de cette activité prodigieuse, par laquelle il se maintenait dans un cercle si peu étendu, passait entre les colonnes des Bleus, redevenait assaillant, de fugitif qu'il était la veille, et faisait un mal énorme à l'ennemi. C'est ainsi qu'il traversa cet hiver, sans abri, souvent sans pain, combattant presque chaque jour, à l'épreuve de toutes les fatigues, de toutes les souffrances comme de tous les dangers.

Le pays de Retz venait de perdre son chef, le brave La Cathelinière, surpris dans l'asile où ses blessures l'avaient forcé de se retirer, et exécuté à Nantes. Charette s'étant rapproché de ce canton, les habitants, conduits par Guérin l'aîné, vinrent, dans les premiers jours de mars, se joindre à lui. Mais des forces, évaluées en totalité à dix-huit mille hommes, marchèrent de toutes parts pour l'envelopper. Il faisait distribuer du pain à ses soldats, dans le village de la Vivantière, paroisse de Beaufou, quand il fut attaqué par Haxo, le plus redoutable des généraux républicains employés alors dans la Vendée.

Les Bleus étaient encore tout couverts du sang des femmes et des vieillards qu'ils avaient massacrés : « Guérin, crie Charette, ta troupe est fraîche : fonce sur l'ennemi ! » Guérin exécute vaillamment cet ordre. Un Bleu l'ajuste à quinze pas. « Tu me manqueras ! » dit l'officier royaliste. Le coup part en effet sans l'atteindre. Guérin riposte et couche son ennemi sans vie. Ce trait de sang-froid et de courage redouble l'ardeur des Vendéens ; les Bleus sont culbutés. En vain ils se retranchent derrière les fossés, en vain ils se forment en carrés au milieu des landes ; un de ces carrés est enfoncé et défait. Alors, la déroute de l'ennemi devient complète ; la poursuite et le carnage ne cessèrent qu'auprès de Legé.

Deux jours après, Charette attaquait la Roche-sur-Yon et il s'en serait emparé si, par une funeste erreur, une partie des Vendéns 'n'eussent tiré sur leurs camarades. Il s'en suivit une déroute. Pendant vingt-quatre heures le général Haxo ne donna point de relâche àux fuyards. Il avait promis à la Convention de lui apporter sous six semaines la tête de Charette ou d'y perdre la sienne. Ses troupes étant bien nourries, bien pourvues de tout, il avait adopté, pour tactique, de marcher sans cesse droit sur les royalistes, afin de les exténuer par la faim, par la misère, par l'épuisement.

Charette voyait que, malgré ses efforts surhumains, ce plan finirait par réussir. Il résolut de livrer à ce terrible adversaire un combat décisif. Le 14 mars 1794, il entrait dans le bourg des Clouzeaux, quand Haxo tombe, avec sa cavalerie, sur celle des royalistes, qui formait l'arrière-garde. La plupart des soldats de Charette étaient déjà occupés à chercher des logements. « Camarades, leur crie le général, l'ennemi est à la porte : qui m'aime me suive ! En avant, à la victoire ! » On s'élance sur les républicains. Deux compagnies de la division de Legé, narchant les premières débusquent l'ennemi d'une pièce de genêts qu'il occupait ; la cavalerie des Bleus plie sous un feu terrible et va se jeter sur leur infanterie, où elle porte le désordre. Voyant la déroute se mettre dans son armée, Haxo entre en fureur. « Lâches, criait-il, où fuyez-vous ? Charette est battu ! » Plusieurs fois il parvint à rallier ses troupes ; mais toujours un nouvel élan des Vendéens les renversait.

Eloigné des siens, près de tomber au pouvoir des royalistes, Haxo descend de cheval : « Je ne me bats plus en général, dit-il, mais en soldat ! »

Sommé de rendre les armes, il s'y refuse et se
défend longtemps contre plusieurs cavaliers. Enfin
un d'eux, nommé Arnaud, de la division de Vieillevigne, met pied à terre et lui tire un coup de cara-
bine qui l'abat. Néanmoins Haxo luttait encore et,
avant d'expirer, il blessa un de ses adversaires
d'un coup de pistolet. Il était d'une taille gigantesque, d'une force extraordinaire, et ses cheveux
blancs lui donnaient un aspect encore plus impo-
sant. Charette regretta qu'on ne l'eût pas pris
vivant ; il appréciait et aimait la valeur, même
dans ses ennemis les plus acharnés.

Ainsi fut couronnée cette mémorable campagne
d'hiver qui aurait, à elle seule, immortalisé un
général. Pour accomplir ces prodiges de constance
et de courage, il fallait à Charette des soldats
comme les siens ; aux soldats de Charette, il fallait
un chef comme lui.

Th. MURET.

(A suivre.)

Le Gérant : M. BIDEAUX.

Luçon — Imp. M. Bideaux

Nouvelle Série (6e année)   N° 3   Mars 1914

LA VENDÉE HISTORIQUE

et TRADITIONNISTE

Ephémérides Vendéennes

Avant-propos

Pendant près de sept ans (de janvier 1907 à juin 1913) j'ai publié successivement dans les colonnes de la *Vendée Historique*, et pour chaque jour de l'année, trois cent soixante-cinq éphémérides de la *Grand-Guerre* qui, paraît-il, avaient intéressé les abonnés, car nombre d'entre eux ont réclamé depuis, à plusieurs reprises, une nouvelle série de petites chroniques du même genre mais, cette fois, se rapportant à l'histoire de la Vendée non exclusivement militaire.

Ces réclamations réitérées m'agréaient d'autant mieux qu'elles répondaient à mes propres *desirata* et que depuis longtemps déjà, en vue d'assurer aux convives de la Revue un dessert aussi varié que possible, j'avais spontanément pris la précaution de mettre en réserve une foule d'autres

échos-éphémérides qui constituaient comme autant de poires pour la soif cueillies çà et là, au fur
et à mesure de mes promenades quotidiennes à
travers les plates-bandes du riche verger vendéen.
Mais j'attendais toujours, avant d'utiliser la récolte, d'avoir assez de fruits pour pouvoir en
piquer un à chaque page du calendrier, et, à
vrai dire, je croyais être encore bien loin de
compte.

Or, il y a quelques jours, et sur une nouvelle
invitation aussi aimable que pressante de la part
de l'un de mes plus vieux lecteurs, m'étant décidé
à faire enfin l'inventaire du nouveau fruitier, j'eus
l'agréable surprise de constater — ce qui m'était
déjà arrivé pour les *Echos-Ephémérides de la Vendée militaire* — que la provision se trouvait largement suffisante, et qu'en fait d'embarras pour les
exigences du service, je n'aurais guère que celui
du choix. Aussi, l'éventualité d'une interruption
dans cette seconde série de desserts assortis n'é-
tant point à redouter, je m'empresse de donner
satisfaction aux convives en leur offrant dès aujourd'hui une première assiette.

Il y aura un peu de tout dans ces petites chroniques : de simples faits divers et des évènements
historiques de plus ou moins grande importance,
des silhouettes de Bas-Poitevins célèbres, des
anecdotes militaires, des comptes-rendus judi-
ciaires, des souvenirs archéologiques, des résu-
més de drames, des canevas de comédies, de grands
événements et des historiettes pour rire, — le tout,
bien entendu, sans aucun ordre chronologique et
au petit bonheur de la fourchette, suivant la date

de la trouvaille s'adaptant à chaque page du calendrier...

Ce désordre même aura du moins l'avantage d'éviter la monotonie et j'espère que le lecteur, invité ainsi à passer du grave au doux, du plaisant au sévère, trouvera dans ces causeries variées un délassement et une agréable récréation, en même temps qu'il y puisera un nouvel attrait pour les choses du passé dont l'étude tend de plus en plus, hélas ! à devenir un besoin, ne fût-ce que pour nous aider à supporter les tristesses du présent !

1er JANVIER (1607)

Un souvenir de l'ancien château de la Lande-Buor. — Les étrennes du premier secrétaire de Mme de la Trémoille. — Etymologie du nom de la poire appelée *Besi de Hery*.

Le château de la Lande, près de Montaigu, s'appelait autrefois la *Lande Buor*, du nom patronymique de ses premiers propriétaires, les Buor, qui signaient *Lande-Buor* pour se distinguer des autres membres d'une famille alors si répandue en Bas-Poitou, qu'elle avait donné lieu, avec celle des Rorthais, au proverbe populaire : *Quand on bat un buisson, il en sort un Buor, un Rorthais ou un lièvre.*

Au début du dix-septième siècle, le châtelain Pierre Buor, comme presque tous les petits gentilshommes de cette région bas-poitevine, faisait une cour assidue à la puissante maison des La Trémoille. Pour être plus sûr d'obtenir les bonnes grâces de Mme de la Trémoille, qui exerçait alors la tutelle du jeune duc de Thouars, il cultivait l'amitié de M. du Monceau, premier secrétaire de la noble douairière, et voici la curieuse lettre de bonne année qu'il lui écrivait, le 1ᵉʳ janvier 1607, en lui envoyant, en guise d'étrennes, trois entes de ses meilleures poires :

« *A Monsieur du Monceau, à Thouars,*

» Monsieur, si je n'avois rencontré cette occasion par le seigneur Bretret, j'aurois envoyé exprès vous porter les *entes de Hiéric* que vous avois promises, que vous supplie recevoir aussi agréablement que de bon cœur vous les présente, désirant que dans peu de temps en mangiez du fruit ; lequel pour avancer ai choisi des plus grosses, qui même avoient des poires cette année, qui me fait espérer que bientôt elles vous en produiront qui ne seront de moins bon goût qu'aucune autre que vous ayez mangée. En attendant qu'elles chargent, je m'oblige, aux saisons, vous en départir de celles de céans, dont j'espère en l'avenir avoir bon nombre, et par ce me ramentevoir en vos bonnes grâces, où je désire faire demeure avec affection d'être cru, Monsieur, votre plus affectionné à vous faire service,

» *La Lande-Buor.*

» A la Lande, ce 1ᵉʳ jour de l'an 1607 ».

Suivait un *post-scriptum* qui semble bien — comme d'ailleurs presque tous les *post-scriptum* — avoir été le but principal de la lettre elle-même, et où l'on voit que le châtelain arboriculteur comptait un peu sur ses fameuses entes pour pousser son petit-fils :

« Monsieur, je vous supplie avoir mémoire de mon petit-fils, à ce qu'il puisse être reçu au ser-

vice de monseigneur de la Trémoille, et d'en con-
férer avec M. du Plessis, auquel je suis serviteur.

» Je ne vous envoie que trois entes, parce que
n'en ai pu trouver de commodes pour transporter
que celles-là. J'en ferai enter cette année d'autres ».

Curieuse en tant que modèle de sollicitation de
petit gentilhomme à favori de grand seigneur, la
lettre du châtelain Pierre Buor l'est encore, à un
autre point de vue, en ce qu'elle pourrait bien
contribuer à la solution d'un problème étymologique quelque peu embrouillé, au sujet du nom
de la poire appelée *Besi de Hery*.

S'il fallait s'en rapporter à l'opinion classique de
Claude Mollet, premier jardinier de Louis XIII et,
cela va sans dire, un tantinet courtisan, le *Besi de
Hery* aurait tout d'abord été baptisé *Besi de Henri*, en l'honneur de Henri IV. Mais cette royale
étymologie a été, depuis, formellement contestée
dans un article de la *Revue des Provinces de
l'Ouest* (année 1853, p. 31) par un antiquaire breton, M. Bizeul, lequel a soutenu que le nom de la
poire *Hery* venait de ce que le premier sauvageon
(besi en langage vulgaire) sur lequel elle réussit
avait poussé dans la forêt de Hiéric, aux environs
de Blain. Or, le châtelain de la Lande-Buor nous
apprend qu'en 1607 la poire s'appelait réellement
Hiéric et ce témoignage, antérieur à l'affirmation
de Claude Mollet et certainement plus désintéressé,
pourrait bien (tel est aussi l'avis de Paul Marche-
gay, à qui j'emprunte le document) trancher le
débat en faveur de l'antiquaire breton contre le
jardinier de Louis XIII.

Je soumets la question tant aux professionnels

de la science étymologique qu'aux amateurs d'arboriculture fruitière...

Petits Papiers de la V. M.

Un témoignage sur les débuts de l'insurrection dans le voisinage des Herbiers

Le 2 ventôse an II (20 février 1794), à propos d'une instruction ouverte contre le citoyen Jousbert, accusé de complicité avec les *brigands*, le citoyen Victor Lambert, « officier publique » de la commune des Herbiers, comparaissait devant les autorités à *Fontenay-le-Peuple* et faisait la déposition que voici :

« La vérité est toujours dans la bouche du républicain déposant, je l'ay affirmé et je le raffirmeré de nouveau si besoin y est.

» Le 13 mars 1793, les brigand se sont porter aux Herbiers au environ six à sept mille. Nous avons eu une déroute complette ; moy déposant me suis sauvé avec les citoyens Marceteau, maire de notre commune ; La Bovieux jeune et Cailliaud menuisier à Mortagne ; en chemin faisant sur la ditte routte des Herbiers à Mortagne, nous avons rencontré le citoyen Joubert, à cheval, qui at été fort surpri de nous voir avec nos fusils, en nous demandant, mes amie, quesque cela veut dirre, a mon Dieu comment vous voilà et en quel estat vous estes, nous lui répondame que notre endroit etoit confondu, pour lors le dit Jousbert parut fort

chagrin et mesme je lay vu pleurer en nous disant
que ses malheureux estoient dépourvu de bon
sens, et il nous demanda quesque nous devien-
drions tous, je lui die que je n'en savois rien, dans
lennuis et chagrin que j'aperchu sur son visage, il
me demanda si il i auroit surté pour lui de se rendre à la Pépinière, lieu de sa demeure, nous lui
répondame que nous n'en savions rien.

» Nous le quitamme l'espasce d'une ou deux mi-
nutte, il revient à nous à grand train de son cheval
en nous disant qu'il alloit aussy lui coucher à
Mortagne. pour lors nous ne l'avons plus vu, pour
moy et mes autres concitoyens, le lendemain nous
avons été à Chollet où nous avons essuyer une
nouvelle déroutte et nous avons été fait prisonnier
en chemin, conduit à la Verie, que nous avons été
lié et garotté le citoyen Marceteau et moy déposant, après plusieurs temps les aristocratte des
Herbiers m'ont envoyer chercher par une garde
qui m'ont ramene aux Herbier, plusieurs temps
après je me suis informé du sort du dit Jousbert
par de bon citoyen ; qu'il m'ont répondu qu'il
étoit très mal chez le citoyen Jahon, médecin, en
se faisant venir la goutte et dont on creigniet fort
pour sa vie.

» Le citoyen Guibert m'apprit que plusieurs brigand de sa commune avoient été le trouver à la
Pépinière, à son lit mesme, qu'il lui avoient porter
fusil et bayonnette pour aller avec euse pour ro-
guementer leur nombre, ce qu'il refusa vertement, plusieurs temps après quoique j'étois consi-
gnée, j'oy été le voir, mais comme il nous étoit
expressement defendu de parler à aucun citoyen,
j'ay passer par la maison des citoyenne Johand,

qui par les derrière avoit communication à celle
où étoit le dit Jousbert, l'ayant aborder, il me prit
la main dans les siennes en me disant que j'étois
bien malheureux, moi je lui demandois ce qu'il
pensait de ce brigandage, il mat répondu que ces
malheureux ne serait pas longtemps à être pendu
et il me consola en me disant de prendre courage,
que nous serions bien tost délivré, vu qu'il vien-
droit de bonne troupe contre eux ; quelques temps
après se trouvant un peu mieux, il s'est fait rendre à la Pépinière, où on lui avoit enlevé de force,
grains, bestiaux et autre chose, peut estre quinze
jours ou environ après, les brigand ont prie le citoyen Bordelay et l'ont conduit en prison à Beau-
preau, quand le citoyen Jousbert a su son arresta-
tation, il at envoyer un de ses convenu chez moy
pour savoir si la femme du citoyen Bordelay qui
etait resté avec ses cinq à six enfans avoit besoin
d'argent et qu'il ne la lesseroit pas manquer tant
qu'il pourroit, dont je ne sais point si la citoyenne
a apcheter la proposition.

» Le 13 octobre, le citoyen général Bard, après
nous avoir tirer de l'esclavage, le citoyen Jousbert
et paru devant lui, qui sest rendu à Chantonnay
que j'oi vu, après s'est rendu en cette ville, qui
moy trois ou quatre fois me suis réfugier aussie
en cette commune, je l'ay vu toute fois que j'ay
été arrivé, voilà citoyen tout ce que je puis dépo-
ser contre le dit dénommer que j'ay toujours reconnu pour un bon républiquain, ajoutte de plus
le déclarand qu'il at une parfaitte connaissance
que le dit Jousbert, en sa qualité de maire de la
commune, faisait promulguer et exécuter les loi
avec les plus grande exactitude. »

Ce témoignage d'un « républiqain » non suspect est en contradiction formelle avec la légende des prétendues barbaries exercées par les Vendéens à l'égard de leurs prisonniers. Il résulte, en effet, de la déposition du citoyen Lambert, que celui-ci, bien qu'arrêté les armes à la main, dès le début de l'insurrection, jouit aux Herbiers. pendant plusieurs mois, de tous les avantages d'un simple prisonnier sur parole, jusqu'au jour où le général Bard vint le délivrer d'un « esclavage » dont la douceur fait contraste avec le traitement sans pitié que réservaient aux pauvres *brigands* les soldats de la République.

Deux aliments bien précieux

Petit Musée Traditionniste

---

250. — **Croyances et Superstitions populaires : Les Fées dans la tradition vendéenne** *(suite).* — *I. Mélusine.* — De toutes les fées figurant au catalogue de la tradition bas-poi-

tevine, Mélusine est incontestablement la plus célèbre. C'est aussi la seule qui ait, chez nous, les
honneurs d'un nom propre et qui, d'ailleurs, sous
le masque dont l'a revêtue la légende, pourrait
bien cacher la figure mystérieuse d'un personnage
réel. Elle mérite donc qu'on l'encadre à part, au
premier plan de notre galerie féerique.

Le plus ancien écrivain connu qui nous parle de
cette fameuse fée est un certain Jean d'Arras ou
Jehan d'Arras, auteur du *Roman de Mellusine*,
paru vers la fin du xiv° siècle. D'après Jean d'Arras, Mélusine, fille d'un roi d'Albanie et de la fée
Pressine, aurait été maudite par sa mère et, en
conséquence de cette malédiction, condamnée à
se changer en serpent chaque samedi, — ce qui
ne l'aurait point empêchée, plus tard, d'épouser
un grand seigneur qui, de concert avec elle, bâtit
en Poitou le château de Lusignan, berceau de l'illustre famille de ce nom. Sur ces données se sont
échaffaudés, depuis, une foule d'essais biographi-
ques plus ou moins légendaires dont voici un spécimen, recueilli dans *L'Origine des Poictevins*,
curieux ouvrage imprimé à Poitiers en 1643 et dû
à la plume de Jean de la Haye, *Baron des Cou-
teaux, Lieutenant general en la Seneschaussée
du Poictou :*

« Je vous ay cy devant parlé de Marie, sœur dudit Guillaume, et femme de Raymond du Troishic
en Bretaigne, laquelle eut *Melles* et *Lusignan* en
partage, *pour raison de quoy fut appellée Melluzine*. Et son mary estoit communément appellé le
Comte Raymondin : ils faisoient leur continuelle
demeure à Luzignan. Ce sont ces personnages icy
qui tant ont faict parler d'eux, tant par fables que

par Histoires. Et pour vous en dire ce qu'en rapporte notre Historien, qui presque estoit de leur temps. je vous diroy que ledit Raymondin estoit seigneur du Toishic ou Croishic en Bretaigne, près l'amboucheure de la rivière de Loyre, et faisoit sa demeure en un chasteau appellé le Succinio. Il se disoit Comte de Forest. qui estoit l'isle Ferme, appellée à présent l'isle de Ruis, qu'ils firent toute entierement fermer de murailles, et joignant le Chasteau de Buccinio firent bastir un Monastere en l'honneur de la Trinité, auquel ils sont ensevelis et enterrez honorablement, ainsi que dit notre Historien avoir veu. Il dit que leur temps estoit fort rude et ignorant, et qu'en une grande contrée de pays il ne se trouvoit qu'un ou deux personnages qui sceussent escrire, de sorte qu'il y avoit peu de sçavoir et civillité entre les hommes.

» Cette Meluzine estoit tres belle. tres honneste, civille et docte. De sorte qu'elle paroissoit comme un Oracle des dieux. Cela joint avec son illustre extraction, et force de sa maison et de la maison de son mary, ce qui la faisoit craindre et redouter partout, et pensoit on qu'il y eut quelque divinité, ou quelque diablerie. Bien dit l'autheur qu'elle prenoit plaisir à se faire voir, dont Raymondin, qui n'estoit plus habille homme que tous les autres, conceut jalouzie : et se persuada l'avoir veue avec des serpens, je m'en rapporte à ce qui en est. Et pourroit estre qu'elle avoit été apprinse à la magie, science qui au temps passé estoit asses commune entre les filles de bonne maison, lesquelles à juste cause furent appelées Fées.

» Elle fit de grandissimes bastiments. et miraculeux pour le temps, dont les vestiges nous demeu-

rent jusques à ce jourd'huy. Elle eut plusieurs enfans, qu'elle-mesme instruizit et enseigna si bien,
selon l'inclination d'un chacun, qu'il sembloit que
ce fussent divin Dieux. Et eux parvenus à l'aage
viril, elle les fist voyager à la terre saincte, bien et
fortement accompaignez. Son fils aisné, nommé
Vrian, passant par l'isle de Chyppre, trouva la
Princesse heritiere, laquelle estoit encore jeune,
bien fort oppressée et travaillée et mal obeye de
ses subgects, laquelle il delivra et la fit obeyr, et
l'espouza. Ainsi fut Roy de Chippre, et retient avec
luy son second frere, que par mesmes voyes et
moyens il fit Roy d'Armenie, et depuis fut leur
posterité, Princes et Roy de Hierusalem. Et a
duré leur lignée Royalle plus de deux cents ans,
et leur races y en a encores, portans le nom de
Luzignan, en Armenie, Chippre et Candie, vivans
toutefois miserablement, à cause de la tyrannie
des Turcs. Et portoient pour armoiries Burelle
d'argent et d'azur, au Lyon rampant de gueulles,
armé et couronné d'or.

» Le troiziesme fils espouza l'heritiere de Luxem-
bourg, dont la vraye lignée est faillie, et portoient
armoiries semblables comme les autres, avec un
lambeau de trois pieces. Ils ont esté Roys esleus
de Boheme, et depuis aucuns Empereurs. Le qua-
triesme espousa l'heritiere de la Marche, et pour
ce qu'il estoit noir, il se nommait le Brun. Le cin-
quiesme fut Seigneur de Luzignan, et fut *surnom-
mé à la grand dent.* Le siziesme fut sieur de Partenay. Le septiesme fut Religieux à Maillezais. Le
huictiesme *fut par la mere nommé Horrible, pour
ce qu'il n'avoit qu'un œil au mitan du front*, et fut
en bas aage estainct par la mere et enterré au

Moustier neuf, dedans le petit cloistre. Et dit notre historien en avoir veu le sepulture audit lieu,
et ladite genealogie faicte en painture, là où il est
comprins avec les Comtes de Poictou et les Seigneurs de Thouars et Sanzay Ils portoient tous en
leurs armoiries Burelle d'argent et d'azur, qui
estoient les armoiries de Raymondin, chargé de
diverses brisures et devises, qu'ils et chascun
d'eux ont rendues hereditaires en leurs maisons,
avec le surnom de leurs partaiges.

» Du Sieur de Luzignan sont issus les Sieurs de
Montbron, dont y a encore de la race, et les sieurs
de la Roche Foucault. De la maison de Partenay
est issue la maison de Soubize, dont l'heritiere est
à present promise par mariage avec René Vicomte
de Rohan, l'un des plus puissans et plus illustres
Seigneurs de Bretaigne, et des plus nobles familles entre les gentils hommes de toute la Monar-
chie Françoise. Et ores qu'en ladite maison de
Rohan il y ait eu beaucoup de Grandes et Royalles
alliances, si est-ce que l'heritiere de Partenay y
doit tenir les premiers lieux.

» Ainsi furent heureusement fortunés tous les
enfans de Raymondin et de Meluzine, lesquels estoient tous marqués naturellement en leurs personnes. Ils ont tant fait de prouesses, faits d'armes
et entreprinses glorieuses, que les histoires et les
Romans en font foy, tant en Europe, Asie, qu'Af-
frique, à quoy je m'arresterois volontiers, sinon
que les maisons en sont faillies. Ils ont fait tant de
Sainctes ordonnances et fondations, que j'en pour-
rois remplir tout un livre, tant plus ils ont esté
grands, puissants et devots, et plus ont ils donné
à Dieu et à son Eglise, aussi ont ils eu de grands

biens et honneurs : seulement je rapporteray pour
fin de ce chapitre le don faict à Maillezais, pour
penitence de l'offense que Geoffroy à la grand dent
y avoit faicte, voulant en retirer son frere le Religieux. *Et si quelqu'un en veut sçavoir davantage,
je luy communiqueray choses très rares*, asçavoir
premièrement :

« *Au nom du Seigneur. Ainsi soit-il. Je Guy de*
» *Luzignan, fils de Geoffroy, lignée de Raymond*
» *et de Meluzine : En executant le testament de*
» *mon pere, je donne à l'Abbaye et aux serviteurs*
» *de Dieu, au Monastère de Maillezais, où le corps*
» *de mon père est enterre, deux cens livres de*
» *terre à Larmenau, à ce qu'ils ayent souvenance*
» *de nous en supplement de penitence, à ce que*
» *l'ire de Dieu ne nous accable. Cette patente fut*
» *faicte le mesme jour que notre pere fut ensevely,*
» *presents tout le convoy et le Clergé.* »

Tout en n'accordant pas plus de confiance à ce
récit de Jean de la Haye qu'aux autres biographies
fabuleuses de la femme-serpent, l'auteur de la
Bibliothèque Historique et Critique du Poitou,
Dreux du Radier, estime néanmoins que Mélusine
n'est peut-être point un personnage purement
imaginaire et qu'on peut raisonnablement « con-
jecturer » qu'elle était de l'illustre maison de Lusignan, qu' « elle vivoit vers l'onzième siècle »
et qu' « elle a vraisemblablement fleuri dans le
Poitou » où cette femme célèbre, grande bâtis-
seuse, a laissé le souvenir d'un « génie supérieur » ayant des « connaissances si admirées du
siècle où elle vivoit, qu'on les a regardées comme
surnaturelles et tenant du prodige », — ce qui fait
que, la superstition aidant, « l'imagination a em-

belli la réalité » : si bien qu' « on a cru qu'en parlant de Melluzine on ne pouvoit lui attribuer rien de trop merveilleux. » De là sa réputation de fée dans la tradition poitevine.

Quoi qu'il en soit de la réalité du personnage, toujours est-il que l'aïeule présumée de la maison de Lusignan a largement contribué, sous le nom populaire de *Fée Mélusine*, *Merluzine* ou *Mère Luzine*, à grossir la partie féerique du trésor légendaire de chez nous, tout au moins dans les cantons du Bocage les plus rapprochés du Haut-Poitou.

Dans ces parages, d'ailleurs, on ne connaît pour ainsi dire point d'autres fées que Mélusine, et l'on y conserve d'elle surtout le souvenir d'une grande dame mystérieuse et bienfaisante, bâtissant çà et là des châteaux, toujours sans le secours d'ouvriers, nuitamment et en un tour de main.

Le premier des châteaux ainsi bâtis fut celui de la forêt de Mervent. Vint ensuite celui de Vouvant, qui était flanqué de sept énormes tours. La Fée le construisit en une seule nuit et n'eut besoin, pour cela, que de trois *dornées* de pierres aspergées d'une *goulée* d'eau. C'est, dit-on, en souvenir de ce merveilleux ouvrage que, dans toute la contrée, les habitants de Vouvant sont appelés *Merlusins*.

Après Mervent et Vouvant, ce fut successivement le tour des châteaux de Châteaumur, de Tiffauges et de Pouzauges, bâtis dans les mêmes conditions, quoique avec un peu moins de hâte que celui de Vouvant, et toujours la nuit. Ce fut à Pouzauges que Mélusine construisit son dernier édifice, et voici le motif qu'en donne la tradition locale, recueillie par l'abbé Ferdinand Baudry dans ses *Antiquités Celtiques de la Vendée* :

« A une certaine époque, les châteaux forts de Mervent, de Vouvant, de Tiffauges, de Château-mur et de Pouzauges s'élevèrent au-dessus du sol presqu'en même temps et avec une merveilleuse rapidité. Quelle était la main qui dressait ainsi, comme par enchantement, ces donjons crénelés et redoutables, derrière lesquels devaient s'abriter de puissants seigneurs ? Personne ne le savait, le travail se faisant la nuit. Un soir, un homme de Pouzauges, pour découvrir le mystère, se cacha dans les broussailles, au pied du bois de la *Folie* et non loin de la tour carrée à trois étages qui, quoique démantelée, brave encore impunément la fureur des vents et l'intempérie des saisons. Une fée parut : c'était *Mélusine* qui, seule et sans secours humain, montait pierres et ciment, et parachevait ce monument gigantesque. Honteuse d'être découverte, elle s'enfuit en criant : *Pou-daug', Tiffaug', Mervent, Châteaumur et Vouvant, iront chaqu' an, j'le jur', d'in' pierre en périssant.* Depuis lors, une pierre se détache, chaque année, de ces cinq forteresses. Les corneilles, voltigeant le jour sur leurs ruines, croassent et se lamentent sur leur malheureuse destinée, tandis que des bêtes fantastiques et des lutins narquois font des niches à ceux qui se hasardent à les visiter la nuit. »

C'est que, voyez-vous, Mélusine était une bâtis-seuse à la fois capricieuse et modeste : elle tenait à ne travailler que dans le mystère et sous le cou-vert de l'anonymat : son secret surpris et sa per-sonnalité une fois dévoilée, elle ne voulut plus rien entreprendre. Piquante leçon, soit dit en passant, pour nos constructeurs modernes dont aucune réclame à propos de leurs moindres bicoques, ne semble satisfaire l'insatiable vanité !

La fameuse fée poitevine, d'ailleurs, n'édifia point en Bas-Poitou que des châteaux. C'est elle également, d'après une tradition légendaire très répandue, qui aurait construit l'église paroissiale de Saint-Paul-en-Pareds, non pas dans le bourg même, où la voulaient les habitants, mais à un bon quart de lieue de là, où elle transportait, pendant la nuit, les pierres amenées la veille à pied d'œuvre par les ouvriers : si bien que les paroissiens, voyant que tous leurs charrois étaient inutiles, finirent, de guerre lasse, par laisser faire la mystérieuse bâtisseuse grâce à laquelle, somme toute, ils eurent bientôt une belle église, peut-être étrangement située, mais qui, du moins, ne leur avait rien coûté !

(A suivre.)

Ce que tout le monde ne sait pas

Etymologies Vendéennes

198. — **Saint-Avaugourd-des-Landes.** — J'ai dû constater, en abordant ce cent quatre vingt dix-huitième problème étymologique, que l'orthographe actuelle du nom soulevait une difficulté préliminaire assez délicate, sur le point de savoir s'il faut écrire **Saint-***Avaugourd* ou **Sainte-***Avaugourd* : car si l'administration civile, suivie par le *Grand Almanach Vendéen*, par le *Calendrier des Postes et Télégraphes* et par le *Guide Joanne*, patronne officiellement le genre masculin, en revanche il n'y a qu'à se reporter à la collection de l'*Ordo* diocésain pour voir que l'administration religieuse se prononce *mordicus* — et non moins officiellement — en faveur de la solution féminine.

Sans m'arrêter, toutefois, à ce différend qui me paraissait devoir être facilement tranché, plus tard, à l'aide d'une petite enquête hagiographique, je sautai immédiatement sur la liste des anciens noms officiels authentiques, avec l'espoir, du reste, que les indications fournies par cette liste pourraient elles-mêmes me permettre de résoudre immédiatement la difficulté. Mais, hélas ! j'eus la désagréable surprise de voir que cette difficulté s'accentuait encore davantage et que le problème devenait de plus en plus insoluble, à mesure que s'offraient, une à une, les anciennes dénominations sur lesquelles j'avais compté pour me tirer d'embarras !

Vous allez comprendre ma déception en présence des étranges trouvailles que me réservait la laborieuse enquête dont je vais faire passer le résumé sous vos yeux...

Au xviii° siècle, j'ouvre le Pouillé extrait de Dom Fonteneau, et voici ce que j'y trouve : « *Cure de Sainte-Avaugour* **ou** *de Sainte-Alburge des Landes* ». Dom Fonteneau tenait donc bien pour une sainte, mais il ne savait trop quel nom lui donner et il hésitait entre *Avaugour* et... *Alburge !*

Toujours au xviii° siècle, dans le Pouillé latin tiré du *Livre Rouge,* c'est encore une sainte qu'on nous offre, mais sous une troisième dénomination : « *Ecclesia Sanctæ Galburgis* ».

Si du xviii° siècle, et en remontant vers la source, nous passons au xvii° et consultons le *Pouillé d'Alliot* (1648), nous constatons que la Sainte — d'ailleurs si imprécise — de Dom Fonteneau et du *Livre Rouge* doit faire place à un Saint dont le nom nous entraîne sur une quatrième piste : « *Cure de Saint-Falbourg* ».

Dans le *Manuscrit de Luçon,* au xvi° siècle. je trouve également l'affirmation d'un Saint, mais d'un Saint tout autrement dénommé : « *Ecclesia Sancti Gualbulgis de Landis* ».

Dans le *Grand'Gauthier,* au xiv° siècle, il n'est question ni de Saint ni de Sainte, et je relève une dénomination tout à fait profane : « *Ecclesia de Galburgis* ».

C'est encore une dénomination dépourvue de toute sainteté — mais très différente de la précédente — que je note, à la fin du xii° siècle, dans une charte datée de l'année 1180 et citée en marge du Pouillé d'Aillery : « *De Vaugouriis a Landis* ».

Au xi° siècle, enfin, si l'on en croit une autre

annotation d'Aillery, la sainteté s'affirmerait, avec une légère variante, telle que la mentionne le *Manuscrit de Luçon : « Capellanus Sanctœ Gal-burgis »*.

Ici s'arrêtent mes trouvailles — au nombre de sept — en face desquelles j'avoue humblement avoir eu conscience d'être sept fois plus embarrassé qu'avant toute enquête.

Devant cette avalanche de noms, les uns profanes, les autres sanctifiés, tantôt au masculin, tantôt au féminin, mais tous si formellement contradictoires entre eux, je me dis qu'il n'y avait qu'un moyen, non pas de me tirer complètement d'embarras, mais au moins de trancher la question de sainteté : c'était de recourir au catalogue officiel des Saints. Je consultai donc la table alphabétique de mes *Petits Bollandistes*, mais, hélas ! je n'y pus trouver ni un Saint, ni une Sainte, ni même un Bienheureux ou une Bienheureuse répondant, fût-ce de loin, à l'un quelconque des nons d'*Avaugourd, Alburge, Galburge, Gualburge* ou *Falbourg*, successivement et contradictoirement proposés par les recueils officiels les plus dignes de foi !

Que conclure de là ?

Rien évidemment, sinon :

1° Que, puisqu'il n'y a ni Saint ni Sainte authentique répondant au nom actuel d'*Avaugourd*, le nom ainsi arbitrairement sanctifié ne peut se rattacher, ni au masculin ni au féminin, à aucune racine hagiographique sérieuse ;

2° Que, puisqu'il n'y a également ni Saint ni Sainte répondant aux noms antérieurs d'*Alburge, Galburge, Gualburge* ou *Falbourg*, ces anciennes dénominations elles-mêmes ont été sanctifiées à tort et ne pourraient être retenues, comme point de repère d'une pieuse étymologie, qu'au risque de compliquer encore un problème déjà si embrouillé et désormais, à mon avis, manifestement insoluble.

Mais une question se pose : celle de savoir comment cet injustifiable nom de *Saint* ou *Sainte-Avaugourd* a pu réussir à décrocher les honneurs d'une estampille officielle ? Œdipe lui-même eût été probablement incapable de deviner pareille énigme et je ne puis, pour ma part, que jeter humblement ma langue au chat, tout en m'autorisant de cet aveu pour constater, une fois de plus, combien est fragile la science de l'étymologie, et tout en admirant l'assurance — ou la naïveté — des graves professionnels qui se prétendent en mesure d'en percer tous les secrets !

La pieuse racine étant ainsi écartée, resterait à trouver l'étymologie profane du nom d'*Avaugourd*...

La déterre qui pourra ! Quant à moi, j'ai trop vainement fouillé de tous les côtés, j'ai trop peiné à errer çà et là à la recherche d'une racine potable, pour m'exposer plus longtemps à attraper une méningite ou un lumbago !...

Toutefois — dois-je le dire ? — le verbe errer, qui vient de se glisser sous ma plume, me fait songer au mot latin *vagus*, errant (d'où *vagare*, errer), et il me rappelle, en outre, la très ancienne dénomination *De Vaugouriis* — celle-là tout à fait profane — que l'abbé Aillery affirme avoir trouvée dans une charte de la fin du xiie siècle. *De Vaugouriis* ne pourrait-il venir de *vagus, vagare* ? Cela ne serait pas impossible, d'autant que cette avant-

garde errante me paraîtrait s'accorder assez bien
avec la dénomination complémentaire *des-Lan-
des... Errer* ou *errant* au milieu des *landes* : peut-
être y aurait-il profit à creuser sur cette piste ? Je
me contente de poser le problème : à d'autres
de le tirer au clair !

Biographie de Charette

(SUITE)

Chapitre IV

**Organisation civile et militaire de Charette. — Attaque inu-
tile de Challans. — Tentative de séduction des républicains.
— Les camps retranchés. — Victoires de la Roullière et de
Freligné. — Paix de la Jaunaye. — Entrée triomphale de
Charette à Nantes.**

Malgré cette victoire et la mort d'Haxo, la situation de Charette était toujours bien précaire. Le
manque de vivres et le désir de se concerter avec
les chefs de la Haute-Vendée l'engagèrent à se
porter vers l'Anjou.

M. de La Rochejaquelein avait été tué. Stofflet
restait seul commandant en chef dans l'ancien
territoire de la grande armée. M. de Marigny,
revenu aussi d'outre-Loire, avait formé une autre
armée vers Pouzauges et Cerisay.

Des conférences eurent lieu entre les trois généraux ; un plan d'opération fut arrêté en commun.

C'est à la suite de ces conférences, et sous prétexte d'un manquement aux stipulations conve-
nues, que périt si déplorablement M. de Marigny.

La peine de mort avait bien été prononcée d'avance contre tout général qui se séparerait de ses collègues, et M. de Marigny, violent par caractère, et mécontent, à tort ou à raison, de quelques procédés, s'était éloigné un peu brusquement ; mais il ne fut jugé que par défaut ; la sentence n'était donc pas exécutoire, et personne ne pouvait la croire sérieuse, à commencer par Charette, quoiqu'il eût rempli, pour la forme, les fonctions de rapporteur. Il était si éloigné de vouloir la perte d'un frère d'armes, estimé de tous pour sa valeur, qu'il lui avait offert dans ses cantonnements un asile dont M. de Marigny ne crut pas avoir besoin. Ce fut au bout de deux mois, le 10 juillet, quand Charette était bien loin, que les Allemands de l'armée de Stofflet arrêtèrent et fusillèrent, dans la paroisse de Combrand, près Bressuire, le malheureux Marigny.

Charette avait trouvé, chez la population de la Vendée angevine, le plus brillant accueil. Toutefois, il n'y resta pas longtemps, une expédition combinée vers Botry et Chandon, sur les bords de la Loire, n'ayant pas eu de grands résultats. Il retourna dans son corps d'armée, à la Bésilière, et s'occupa d'organiser de nouveau le pays.

M. de Couëtus conserva spécialement la division de Saint-Philbert ; Cailleau, celle de Luçon, et Guérin, le pays de Retz. Garault eut celle de Legé, en remplacement de Pinaud, une des victimes de Noirmoutier ; Eriault l'aîné eut Machecoul et Dulac eut Vieillevigne ; Savin garda Palluau, et Pajot, le Marais tout entier. Peu après, Joly, dont le caractère violent s'était encore aigri depuis la mort de ses deux fils, quitta l'armée pour aller en Anjou.

Il se fit, en route, une querelle avec des paysans, tua un homme et fut tué à son tour. Etranger à la Vendée (il était Bordelais), Joly avait su s'y naturaliser par son courage. Après lui, la division des Sables passa aux ordres de Delaunay. La cavalerie demeura sous le commandement de Prudent de la Roberie. Il fut formé, avec des hommes d'élite pris dans toutes les divisions, des compagnies de chasseurs, remarquables par leur intrépidité, leur bon armement, ler grands panaches de poils de bouc qui flottaient sur leurs chapeaux. Ces compagnies offraient seules un noyau permanent ; car les paysans, n'ayant pas de solde, ne marchant que par dévouement, étaient obligés, entre les combats, de vaquer aux travaux que permettait l'état de guerre.

Bousseau, ancien procureur, et Baudry, notaire, furent chargés du service des vivres. Tous deux avaient aussi la surveillance des conseils d'arrondissement et de paroisse, investis de l'administration. Les conseils de paroisse régissaient les biens des absents, dont le revenu était versé dans la caisse de l'armée. Les absents, c'étaient des patauds réfugiés sous la protection des garnisons républicaines, ardents provocateurs des plus atroces mesures dirigées contre leurs compatriotes. Quelques royalistes timides s'étaient aussi retirés dans les grandes villes, et vivaient là sous le joug républicain, en face de l'échafaud que ne désarmait pas toujours leur soumission, au lieu de combattre pour leurs croyances, et de faire, du moins, chèrement payer leur mort. Il était bien juste que leur fortune, à défaut de leurs bras, contribuât à soutenir la guerre.

Le conseil militaire pouvait seul prononcer des peines afflictives et capitales ; mais, pour la justice civile, Charette avait établi trois tribunaux, chacun composé d'un procureur du roi et de plusieurs juges. Il y avait aussi un tribunal de revision auquel appartenait l'appel des jugements. La justice était complètement gratuite, comme elle devrait être toujours. C'est ainsi qu'en face et au milieu même de cantonnements républicains, le pays était organisé et administré au nom du roi, sous la protection de l'épée de Charette, en même temps chef militaire et chef civil, veillant à tous les intérêts et suffisant à toutes choses.

Le 1er juin, Charette fut averti que plus de deux mille Bleus, sortis de Montaigu, saccageaient de nouveau les campagnes voisines. Il marche contre eux, les rencontre à l'entrée des landes de Béjarry et les bat complètement. Deux cents cavaliers de M. de Sapinaud, qui se rendaient à la Bésilière, achevèrent leur défaite. A peine trois cents Bleus rentrèrent à Montaigu. Dans cette affaire, une femme, Mme Dufief, née La Barossière, qui habitait Saint-Colombin, se montra la digne émule de Mme de Beauglie. Remarquable comme elle par les charmes de sa taille et de sa figure, elle animait les royalistes et faisait bravement le coup de feu. Après la pacification, elle passa en Angleterre où elle reçut la croix de Saint-Louis des mains du comte d'Artois.

Stofflet était attendu sur le territoire de Charette : les deux généraux avaient décidé une attaque combinée contre les principaux postes républicains. Les deux armées se trouvèrent réunies à Saint-Christophe-du-Ligneron. En même temps arriva aussi M. de Tinteniac, gentilhomme breton, venant d'Angleterre avec une mission du cabinet britannique et des princes français. M. de Tinteniac n'en était pas à son premier voyage dans la Vendée. Dans chacun de ces périlleux trajets, il suivait la ligne de Saint-Malo à Nantes, filait le long de l'Erdre et traversait la Loire à la nage, portant ses dépêches attachées à son cou. M. de Tinteniac annonça aux généraux vendéens un prochain débarquement d'émigrés ; mais ils se firent peu d'illusions sur le mauvais vouloir du gouvernement anglais.

Le 6 juin 1794, Charette et Stofflet, avec huit à dix mille fantassins et environ neuf cents chevaux, vinrent attaquer Challans. Une nombreuse garnison, commandée par le général Dutruy, défendait cette ville. Guérin, toujours à l'avant-garde, culbute les premiers postes ennemis. Mais une charge de cavalerie rend l'avantage aux Bleus. Le désordre se met parmi les Vendéens et se change bientôt en déroute. Charette faillit être pris. Guérin, ayant son cheval blessé, ses pistolets déchargés, fut assailli par deux dragons ; il les terrassa en les prenant aux cheveux. Stofflet n'avait pris que peu de part au combat : il protégea la retraite. Les deux généraux se replièrent ensuite à Belleville, quartier général de Charette, d'où Stofflet retourna en Anjou.

M. de Couëtus, chef de la division de Saint-Philbert, venait de retourner dans ses cantonnements, quand des cavaliers républicains, postés sur l'autre bord de la Boulogne, firent entendre des paroles de paix. Le pont étant rompu, un officier royaliste, M. de Grasse, passe la rivière à la nage et rapporte une proclamation adressée aux habitants des pays insurgés : « Livrez, leur disait-on, vos chefs et vos armes et fiez-vous à la générosité de la République ». Mais trop d'affreuses leçons avaient montré ce que valaient les amitiés républicaines. Charette, à qui M. de Couëtus avait envoyé la proclamation, en donna connaissance à ses soldats : « Si de ma vie, dit-il, dépend le bonheur de la Vendée, je suis prêt à la sacrifier ». Mais ce fut un cri général : « Non, non, vive Charette ! Nous périrons plutôt que de rendre les armes ».

Le 17 juillet, quatre mille Bleus, sortis des Sables, s'avancèrent jusqu'à Legé. Charette, mal informé de leur force, vint les attaquer avec quinze cents hommes au plus : il dut céder au nombre, après avoir vaillamment disputé le succès. Dans cette division républicaine se trouvaient des *hussards de la mort*, ainsi nommés à cause de leur uniforme noir et des têtes de mort empreintes sur leurs shakos. Au fort de l'action, on vit plusieurs de ces hussards passer à travers les Vendéens sans frapper, en disant : « Ce n'est pas à vous que nous en voulons, c'est à Charette ! » Un des hussards n'était qu'à dix pas du général qui l'attendait de pied ferme, quand Guérin, d'un coup de pistolet, tua le républicain.

Les Bleus avaient, depuis peu, adopté le système des *camps retranchés*. Leur but était de resserrer de plus en plus l'insurrection, de protéger l'enlèvement des grains dans les campagnes, de manière à s'approvisionner eux-mêmes, tout en affamant les royalistes. L'ennemi se rappelait que les Vendéens avaient été rarement heureux, jusqu'alors, dans les attaques de fortifications, et il croyait être en parfaite sûreté derrière les larges fossés et les hauts parapets qui couvraient ces camps. Charette n'en résolut pas moins de les enlever et de les détruire. Il s'adressa d'abord, le 10 septembre, à celui de la Roullière, près Nantes. Un rassemblement fut indiqué au village de la Sauvagère en Vieillevigne. Sans attendre que toutes ses divisions soient réunies, Charette, qui veut surprendre les Bleus, court à eux, pénètre dans le camp à l'improviste, fait un grand carnage des ennemis, et poursuit jusqu'aux portes de Nantes le peu qui échappait.

Le 14 septembre, Charette vint attaquer le camp de Fréligné, défendu par le général Prat avec deux mille hommes d'élite. Savin faisait, en même temps, une démonstration sur Saint-Christophe, pour occuper l'ennemi de ce côté. Les Bleus étaient sur leurs gardes. Par suite d'informations mal prises, le camp fut assailli sur le point le plus difficile. Derrière ces retranchements, l'ennemi foudroyait les Vendéens, qui n'en redoublaient pas moins d'efforts. Mais plusieurs de leurs meilleurs officiers avaient péri, et ils commençaient à plier, quand Charette s'élance à cheval sous le feu le plus vif. Un vieux militaire à cheveux blancs, décoré de la croix de Saint-Louis, M. de la Jaille, met pied à terre et s'écrie : « Mes amis, nous perdons ici du temps; suivez-moi ! » L'épée à la main, il franchit le fossé, escalade les retranchements : il est suivi par Guérin le jeune et par Colin, commandant de cavalerie du pays de Retz. Les soldats, en foule, se précipitent avec eux dans le camp. Prat avait été tué : le colonel Mermet, qui le remplaçait, combattit avec un grand courage ; enfin,

une balle l'atteignit au front et l'étendit mort.
Douze cents de ses soldats périrent avec lui, et le
reste, s'enfuyant vers Saint-Christophe, n'échappa
qu'avec peine à Savin. On fit un butin immense :
après quoi le camp fut brûlé comme celui de la
Roullière.

Après la journée de Fréligné, les républicains
désespérèrent plus que jamais de terminer la
guerre par la force. Robespierre était mort, la République essayait de prendre une physionomie
moins odieuse. Une créole de Saint-Domingue,
Mme Gasnier-Chambon, devenue veuve et prisonnière sous la Terreur, avait acquis, par les charmes de son esprit, une grande influence auprès
de Ruelle, un des représentants envoyés à Nantes
depuis la chute de l'exécrable Carrier. Elle avait
usé de son crédit au profit de beaucoup de victimes, et elle se flatta d'amener la pacification de la
Vendée. Mlle Charette, sœur du général et toujours
réfugiée à Nantes, fut mise par Mme Gasnier en relations avec Ruelle. Par leurs soins, des négocia-
tions s'ouvrirent.

A la suite d'une lutte si longue et si terrible, la
Vendée avait absolument besoin de quelque repos ; elle manquait de munitions, de subsistances ;
mais, tout d'abord, elle parla en puissance victorieuse. Charette, après les premières ouvertures,
ayant eu besoin d'explications nouvelles, chargea
un de ses officiers, le brave Dupérat, d'aller les
demander à Nantes. Comme le représentant Bol-
let insistait pour que la Vendée reconnût la République, Dupérat se prit à sourire dédaigneuse-
ment : « Mais, Monsieur, dit Ruelle, tous les rois
de l'Europe l'ont bien reconnue ! — Est-ce que ces

gens-là sont des Vendéens ? » répartit Dupérat.
Les conventionnels gardèrent le silence.

Les démarches préliminaires furent suivies de
conférences dans les règles, qui commencèrent, le
15 février 1795, au château de la Jaunaye. Le général républicain Canclaux y trouva Charette.
Tous deux étaient accompagnés de leur état-major
et d'une escorte. D'un côté, l'on voyait les bril-
lants uniformes des Bleus, leurs cavaliers bien
montés, bien équipés ; de l'autre, des hommes aux
vêtements délabrés, sans aucun insigne militaire,
avec des cocardes de papier blanc à leur chapeau ;
et cependant, c'étaient les beaux uniformes qui
faisaient les avances pour la paix, et les pauvres
habits déchirés voyaient s'humilier devant eux
l'orgueil de la puissante république.

Le 17 février, le traité fut signé. En vertu de ses
principales dispositions, le libre exercice du culte
était proclamé. On formait une garde territoriale,
soldée par le trésor public, de deux mille Vendéens qui ne pourraient être employés hors de
leur pays ; tous les *bons* signés par les chefs de la
Basse-Vendée et de l'armée du Centre (M. de Sapinaud ayant adhéré à ce traité) devaient être payés
par la République, jusqu'à concurrence de deux
millions ; des secours et indemnités étaient accor-
dés pour réparer les ravages de la guerre ; les jeunes gens de la réquisition étaient dispensés de
partir ; enfin le culte était librement pratiqué.

Tout le monde, dans l'armée de Charette, n'était
pas d'avis d'accepter la pacification. Delaunay,
Savin et Le Moël rassemblèrent à Belleville les
paysans, et leur dénoncèrent Charette comme un
traître. Déjà l'on éclatait en murmures et en cris.

Charette accourt à Belleville : « Croyez-vous, dit-il, que je suis devenu républicain depuis hier ? — Général, répondent les officiers, nous avons toujours la même confiance en vous. — Eh ! bien, reprend Charette, croyez que je n'ai fait la paix que par des considérations importantes. J'ai des vues que vous approuvreriez si vous les connaissiez. Vive le roi ! » Puis, s'adressant aux soldats : « Camarades, on vous trompe, la paix est faite ; retournez chez vous, soyez tranquilles et sans inquiétudes. » A ces mots, toute mutinerie, toute méfiance s'apaise. Menacé d'être arrêté, Delaunay passa en Anjou ; Savin et Le Moël exprimèrent leur repentir au général, qui les conserva dans leur grade.

Le 26 février, Charette fit à Nantes une véritable entrée triomphale. Une salve d'artillerie annonça son arrivée dans cette grande cité que, depuis deux ans, son nom tenait tous les jours en éveil. Le général vendéen, monté sur un magnifique cheval, portait la cocarde et le panache blancs, ainsi que les quatre officiers de son état-major qui l'accompagnaient. Venaient ensuite le général Canclaux, des cavaliers des deux armées, les grenadiers de la garde nationale, précédés d'une musique militaire, les commissaires de la Convention en voiture. Les rues étaient remplies d'une population avide qui manifestait sa joie.

Après avoir parcouru les principales rues, Charette alla descendre à l'hôtel des représentants. Plusieurs fois il se montra aux fenêtres, sur la demande de la foule qui faisait retentir les cris de : *Vive la paix! Vive Charette!* Le soir, il parut au théâtre, où les mêmes transports éclatèrent. Mais, au milieu de tous ces honneurs, Charette semblait rêveur, préoccupé. Dès le lendemain, il reprit la route de Belleville.

Charette n'avait pas été la dupe de toutes les politesses des Bleus. Il savait bien que si la Convention avait cherché la paix, ce n'était pas pour un sincère désir de conciliation, mais pour soumettre plus facilement les royalistes, après avoir fait tomber les armes de leurs mains.

Outre les articles publiés du traité de la Jaunaye, il y en avait un autre tenu secret pour ne pas offusquer, disait-on, les révolutionnaires exaltés. Il était stipulé que le jeune Louis XVII et sa sœur, toujours détenus au Temple, seraient remis, le 14 juin 1795, aux mains des Vendéens. La fidélité des républicains à remplir cette condition devait répandre de leur bonne foi. En attendant, Charette resta sur le *qui-vive*, profitant de cette pacification précaire pour faire reprendre haleine au pays épuisé, en se mettant en mesure de recommencer une guerre que les deux partis regardaient comme seulement suspendue.

(A suivre.)   Th. MURET.

Le Gérant : M. BIDEAUX.

Luçon — Imp. M. Bideaux

Nouvelle Série (6ᵉ année)   N° 4   Avril 1914

LA VENDÉE HISTORIQUE

et TRADITIONNISTE

Ephémérides Vendéennes

2 JANVIER (1620)

Une imprimerie à Maillé en Bas-Poitou, au début du XVIIᵉ siècle. — La retraite, au pays de Maillezais, d'un capitaine-
historien huguenot tombé en disgrâce après avoir été le
compagnon d'armes de Henri IV.

Le jeudi 2 janvier 1620, « devant le collège-royal
en l'Université de Paris », les gros bonnets uni-
versitaires s'étaient donné rendez-vous pour assister à l'exécution d'un arrêt rendu par le Parle-
ment et ainsi conçu :

« Sur la plainte à nous faite par le procureur du
Roi qu'il se vend de nouveau un livre intitulé
l'*Histoire universelle* du sʳ de d'Aubigné, dédiée à
la postérité, *impr. à Maillé* par J. Moussart, soy
disant imprimeur du-dit d'Aubigné, 1616... Nous,
après que le dit livre a esté veu, leu et examiné
en la chambre du conseil avons declaré led. livre
meschant, pernicieux et remply d'abominables et

calomnieuses impostures contre l'honneur deub a
la mémoire des deffunts Rois, Reines, Princes et
autres qui ont tenu les premières charges du
Royaume et comme tel sera bruslé en la place et
devant le collège-royal en l'Université de Paris
par l'exécuteur de la haute justice : deffenses a
toute personne d'avoir le dit livre, de le vendre ny
de l'achepter a peine de 400 l. p. d'amende, en-
joint a tous libraires et impr. qui ont des exem-
plaires dud. livre de les apporter dans trois jours
au greffe de la Cour... et que le dit d'A. et le d.
Moussart seront pris au corps et amenez es prisons du Chastelet, adjournez a trois briefs jours
et criez a son de trompe. »

L'auteur de l'ouvrage ainsi condamné était le
fameux gentilhomme huguenot Théodore Agrippa
d'Aubigné, capitaine calviniste, littérateur et historien, compagnon fidèle naguère attaché à la fortune de Henri IV et qui, tombé en disgrâce après
la mort de son roi, avait pris sa retraite au pays de
Maillezais en Bas-Poitou, où il s'était menagé, au
milieu des marais, un vrai petit royaume de sûreté qui le mettait, du moins momentanément, à
l'abri des persécutions. C'est là que l'ex-capi-
taine, devenu historien, avait rédigé tout à loisir
son *Histoire universelle depuis 1550 jusqu'en
1601*.

Aucun imprimeur de grande ville n'ayant voulu
prendre la responsabilité d'un ouvrage écrit beaucoup trop librement pour l'époque, l'auteur s'était
décidé à faire venir de Niort un matériel d'imprimerie et l'avait installé dans une maison qu'il possédait au milieu du bourg de Maillé, tout près de
son domaine de Maillezais. L'impression s'y était

faite secrètement, sous la direction de l'imprimeur niortais Moussat (et non *Moussart* comme il est écrit dans l'arrêt ci-dessus) qui, pendant quatre ans, de 1616 à 1620, resta à la disposition de l'écrivain huguenot.

Dès que l'ouvrage, mis en circulation, eut été dénoncé, d'Aubigné, qui se doutait bien qu'il allait avoir maille à partir avec la censure officielle, comprit qu'il ne serait pas longtemps en sûreté dans son petit royaume : aussi s'empressat-il de déguerpir sans attendre l'arrêt du 2 janvier 1620. Il se réfugia à Genève où il mourut en 1631, comblé d'honneurs par sa patrie d'adoption.

Veuf et déjà sexagénaire, il avait épousé en secondes noces une riche veuve et laissa un fils, Constant d'Aubigné, père de Mme de Maintenon. Le vieux calviniste impénitent, l'ancien réfugié de Maillezais eût fait, j'imagine, une singulière grimace si on lui eût prédit que quatre ans après sa mort devait naître, en 1635, une petite-fille de son sang, Françoise d'Aubigné, future favorite puis épouse secrète de Louis XIV, instigatrice de la révocation de l'Edit de Nantes et des mesures de rigueur alors prises contre les Protestants !

Petits Papiers de la V. M.

Débuts de l'insurrection dans le Talmondais
Mésaventures d'un sacristain patriote

A l'époque de l'insurrection, le sieur Michel-

Gabriel Morin cumulait, à Saint-Vincent-sur-Jard, les fonctions de sacristain de la paroisse et de secrétaire-greffier de la commune. Ce devait être un sacristain tout à fait constitutionnel, si l'on s'en rapporte à la curieuse déposition qu'en sa qualité de secrétaire-greffier il consigna lui-même aux Archives communales, à propos de ses mésaventures lors de la première incursion des insurgés dans les environs de Talmond. Voici en quels termes ce fonctionnaire clérical, devenu chaud partisan de la République, raconte comment il fut amené à sonner malgré lui le tocsin de la révolte et à marcher pendant deux jours à la suite des rebelles :

« Michel-Gabriel Morin, sacristen et secrétaire-greffier de la commune de Saint-Vincent-sur-Jard, déclare n'avoir eu aucune part aux atroupés, que le mardi vingt-six mars dernier mil sept cent quatre-vingt-treize, l'an deuxième de la République françoisse, étan malade chez mois, il est veneu une voix à mois inconu, qu'il faloit que je fusse soner le tocsin comme ayant les clefs de l'église et étant sacristen de la ditte commune, mois j'ai répondu que je n'étais pas dans le cas de le soner veu que je n'avais pas d'ordre et que j'étais malade, de sorte que ma femme a été obliger de donner les clefs de l'église suivant ce quel m'a dit au nommé François Martineau de notre commune lui disant que le maire n'avoit pas voulu le faire sonner le dimanche mais qu'il auroit le coup couper, mois étan chargé des trézors de l'église, je me suis transporté tout malade que j'étois à l'églisse pour voir s'il il ni s'y fasoit aucun dézordre, j'ai monté dans le clocher dont j'ai

trouvé le dit Martineau sonnant le tocsin, dont
j'ai pris la ditte place pour m'éviter de suivre les
attroupés, dans le moment les attroupés ont envoyé un ome infirme qui est François Giraud, me
disant qu'on l'avoit envoyé me remplacer, veux
que j'étois libre pour marcher, mais craignant la
feureur de ces attroupés je me suis livré à les suivre jusqu'à Jard, étant rendu à Jard j'ai demendé
à un des Sertains, commendent à moi inconnu de
retourné à l'églisse comme étant le sacristen, et le
nomé Jérôme Grossard procureur de cette commune en a fait la demende pour mois, ledit com-
mendant sur ces réquisition mat fait mettre à la
tête des attroupés avec un bâton à la main, de la
première fois j'ai refuzé, il m'a forcé une segonde
fois me disant en ses terme en avent patriotte, de
sorte quon mat emmené par force à Talmont, et
ayant resté deux jours sans pouvoir me sauvé,
cependant le jeudi au soir je me suis sauvé par le
chemin de Sainte-Hilaire-de-Talmont et je pus me
réfugier chez mon frère segrétaire greffier de la
commune de Saint-Hilaire-de-Talmont qui ma
caché de deux attroupés à mois inconu qui venoits
après mois et étant retiré je me suis sauvé et suis
venu chez moi, ce que je déclare sinsaire et véritable et j'ai signé

» Morin, *secr.-greffier.* »

Le Culte de saint Eutrope
Premier évêque de Saintes et Martyr en Vendée

Fête de saint Eutrope : le 30 avril

M. Louis Audiat (1), dans son livre *Saint Eutrope, premier évêque de Saintes dans l'histoire, la légende et l'archéologie* (2), consacre les lignes suivantes à la dévotion des Vendéens pour saint Eutrope : « En Vendée, diocèse de Luçon, on trouve : le prieuré curé de Saint-Eutrope de Château-Fromage, commune de Bourg-sous-Napoléon, canton de La Roche-sur-Yon, qui relevait de l'abbaye de Nieul-sur-l'Autise ; une chapellenie de Saint-Eutrope à Beauvoir-sur-Mer, constatée par un procès-verbal de visite de 1533. A Saint-Maixent-sur-Vie, arrondissement des Sables, Hillerin, archidiacre en visite, mentionne, le 9 juillet 1689, près de Saint-Maixent, patron de l'église, la statue de saint Jean et celle de saint Eutrope. Notre-Dame de Boisgroleau *(sic)* eut son pèlerinage de Saint-Eutrope. »

Cet exposé est fort incomplet : il ne mentionne même pas l'église paroissiale de Poiroux placée sous le vocable du premier évêque de Saintes. Saint Eutrope fut très vénéré en Vendée et il serait malheureux que les dernières traces de son culte vinssent à disparaître.

---

(1) Savant archéologue saintongeais auquel on doit de nombreux et importants ouvrages d'histoire locale.
(2) Paris-Saintes, 1887.

I
Eglises et Prieurés

1° Saint Eutrope était titulaire de l'ancienne paroisse de Château-Fromage, réunie depuis la Révolution à la paroisse du Bourg-sous-la-Roche, près La Roche-sur-Yon (1). Il y avait là, dès le commencement du XIVᵉ siècle au moins (2) un prieuré *Castro Casei* (Du « Château-du-Fromage ») relevant de l'abbaye de Nieul-sur-l'Autise. Le prieuré de Château-Fromage était de l'ordre de saint Benoît ; l'abbaye de Nieul de l'Ordre de saint Augustin.

3° Le prieuré de Poiroux (3) et son église honoraient saint Eutrope comme patron. L'église devint paroissiale. Reconstruite, il y a quelques an-

----

(1) « Château-Fromage, que la ligne du chemin de fer (de La Roche-sur-Yon à Bressuire), laisse un peu au sud, était, avant la Révolution, le chef-lieu d'une petite paroisse réunie depuis à celle du Bourg. Village aujourd'hui sans importance, il possedait 59 feux à la fin du XVIIᵉ siècle, et était compris dans l'élection de Fontenay Son église, dont il ne reste plus de traces, était dédiée à saint Eutrope et dépendait de l'abbaye de Nieul-sur-l'Autise. Elle avait été rattachée par Julien de Saligné au marquisat de la Chaize-le-Vicomte.

« En 1218, Aimeri de Thouars accorda au prieuré de La Roche-sur-Yon certains droits sur les terres de Guillaume Radulfe de Château-Fromage.

« Pendant les guerres de la Vendée, le général de paroisse Caillaud y avait le centre de ses opérations... » *An. de la Société d'Emulation de la Vendée*, 1875, p. 125.

(2) Le Grand-Gauthier, qui est du début du XIVᵉ siècle, cite ce prieuré ; c'est la plus ancienne mention qu'on en ait.

(3) Poiroux, commune de 1.000 habitants, dans le canton de Talmont.

nées, elle possède, au fond de l'abside, un vitrail représentant saint Eutrope. Dans la partie inférieure, on voit le martyre du Saint. Quand l'église fut consacrée, le 27 septembre 1887, Mgr Catteau, évêque de Luçon, déposa dans la pierre de l'autel des reliques de saint Eutrope. La paroisse possède, en outre, un reliquaire contenant une parcelle d'ossement du Saint, accordée par Mgr Villecourt, évêque de La Rochelle, le 9 avril 1846, munie de l'*authentique*, reconnue par Mgr Colet, évêque de Luçon, en décembre 1862 (1).

II

Chapelles

1° Dans la paroisse de Mervent, canton de la Châtaigneraie, au village de May, il y avait une chapelle Saint-Eutrope. « Le corps de la chapelle de Saint-Eutrope existe encore au village de May, et sur les murs intérieurs on distingue quelques peintures à la fresque, écrivait M. l'abbé Aillery dans son *Pouillé de Luçon*, en 1860 (2). Nous verrons plus loin que le culte de saint Eutrope était fort en honneur à Mervent, puisqu'il y avait encore dans l'église paroissiale un autel en l'honneur du premier évêque de Saintes.

2° La chapelle domestique du Château-d'Asson, en la paroisse de la Boissiére-de-Montaigu, canton de Montaigu, est sous l'invocation de saint Eutro-

----

(1) Abbé Hippolyte Boutin, *Légendes des Saints du Nouveau Propre de Luçon*, p. 192. Fontenay-le-Comte, 1892.

(2) p. 180. Il y aurait lieu de vérifier si cette chapelle existe encore.

pe (1). Voici ce qu'on lit à ce sujet dans les *Chroniques Paroissiales du Diocèse de Luçon* :

« A visiter aussi une antique chapelle située près le château et dédiée à saint Eutrope. Elle n'offre aucun caractère architectural et cependant elle est digne d'être remarquée. M. Benjamin Fillon atteste y avoir vu jadis « d'anciennes peintures murales, représentant l'histoire de Barbe-Bleue. Souvenir précieux, les d'Asson, en effet, sont issus de la famille de Laval ».....

« De temps immémorial, on allait en pèlerinage à cette chapelle, le 30 avril, fête de saint Eutrope. Dès le matin de ce jour, les étrangers et les habitants des paroisses voisines y accouraient en foule. Le curé de la Boissière s'y rendait en procession, accompagné de son conseil de fabrique et du conseil municipal. Il célébrait la sainte messe dans la chapelle magnifiquement ornée, puis faisait baiser une relique de saint Eutrope et évangéliait les petits enfants. Quelquefois il adressait un petit discours aux fidèles et l'on se séparait : les fidèles, pour aller se reposer sur la pelouse et prendre du réconfortable, et le curé et ses principaux paroissiens pour faire honneur à la table du seigneur et causer de choses et d'autres. Dans la soirée, après le chant des vêpres, les pèlerins se dispersaient heureux et contents. Des *ex-voto* en

---

(1) L'abbé Hippolyte Boutin, *op. cit.* p. 192, dit que cette chapelle est dédiée à saint Eutrope et à saint Gilles. Il y a là une contradiction avec les *Chroniques Paroissiales du Diocèse de Luçon (deuxième volume, pp. 293 et 295),* où l'on voit, dans la paroisse de la Boissière-de-Montaigu, une chapelle Saint-Eutrope au château d'Asson, et une chapelle Saint-Gilles dans le petit bois des Brosses, dépendant du domaine d'Asson.

cire, déposés dans la chapelle, attestent encore aujourd'hui que plusieurs d'entre eux avaient obtenu des grâces par l'intercession de saint Eutrope. Ce pèlerinage n'a plus lieu de nos jours, avec la même solennité, les circonstances ne le permettant plus ; mais, chaque année, le jour de la Saint-Eutrope, un grand nombre de fidèles y viennent isolément. »

III
Pèlerinage

M. Louis Audiat cite un pèlerinage de Saint-Eutrope à l'abbaye de Boisgrolland (1). D'après l'abbé H. Boutin, ce pèlerinage était encore fréquenté au commencement du XIX⁰ siècle. « L'assemblée de Saint-Eutrope qui a lieu chaque année le premier dimanche de mai (2) paraît en être le dernier vestige ». L'abbaye tenait peut-être cette dévotion de l'église paroissiale de Poiroux, placée sous le patronage de saint Eutrope.

IV
Chapelleries

Une *chapellenie* était un bénéfice ecclésiastique

(1) Notre-Dame de Bois-Grollaud, ou Boisgrollaud, dans la paroisse de Poiroux-La charte de fondation est de 1109, mais l'abbaye ne fut vraiment établie qu'en 1141. On y suivit d'abord la règle de saint Benoît. Vers 1200, le monastère fut uni à l'abbaye de Cîteaux Le dernier abbé commendataire fut Jacques-André Emery (1732-1811), le célèbre supérieur de Saint-Sulpice.

(2) Le premier dimanche après le 30 avril, jour de la Saint-Eutrope.

attaché à un autel dans l'église paroissiale, ou à une chapelle particulière et isolée.

1° Le plus important de ces bénéfices semble avoir été celui de Challans, fondé en l'église paroissiale en 1413.

(A suivre.) Ch. GRELIER.

Deux aliments bien précieux

Pour les *estomacs délicats*, les *tempéraments constipés*, le délicieux CHOCOLAT AU MIEL de l'abbé NAVARRE est un aliment merveilleux, rafraîchissant, toujours sain, nutritif et de digestion facile, — 2 k. 500 net franco, 10 fr.

Pour les *personnes affaiblies et surmenées*, *les enfants, convalescents, vieillards, malades de l'estomac* ou de *l'intestin*, le CAO-BANANE est l'aliment *idéal*. — Boîte de 250 grammes franco, 2 fr., contre mandat adressé à l'abbé NAVARRE, Boigneville (Seine-et-Oise).

Etymologies Vendéennes

199. — **Saint-Benoît-sur-Mer.** — Ici, contrairement à ce que nous avons dû constater à l'article précédent, la dénomination sanctifiée ne prête à aucune surprise et repose sur un patronage certain. On pourrait même en proposer deux, au choix ; car il est deux Saints également authentiques, ayant tout deux illustré le nom de Benoît et qui, l'un et l'autre, seraient en droit de se disputer l'honneur d'avoir figuré au baptême de la petite paroisse bas-poitevine : le premier, Saint tout à fait régional qui évangélisa, au IVe siècle, le pays des Agésinates, mourut à Aizenay dans une grotte et est connu sous le nom de saint Benoît d'Aizenay, évêque et confesseur ; l'autre, le grand saint Benoît, abbé, qui vécut à la fin du v⁰ et dans la première moitié du vi⁰ siècle, et qui fut le fondateur de l'Ordre des Bénédictins.

Entre ces deux patrons il semblerait tout naturel de donner la préférence au premier comme étant à la fois le plus ancien et le plus local. Il est permis, en effet, de supposer qu'au iv⁰ siècle, à une époque où les évangélisateurs du Bas-Poitou étaient encore très clairsemés, l'apôtre Benoît dut exercer son zèle bien au-delà d'Aizenay et que sa réputation, tout au moins, s'étendit jusque sur les rives du Lay, où son souvenir était encore vivant lorsqu'il s'agit de baptiser notre bourgade.

Toutefois, et bien que les titres de l'évêque apôtre d'Aizenay, Saint local, méritent, à première vue, d'être pris en considération, j'estime que ceux de saint Benoît, abbé, l'emportent sans conteste : d'abord, parce que c'est lui que l'autorité ecclésiastique a toujours officiellement reconnu comme le seul patron de l'église de Saint-Benoît-sur-Mer ; ensuite, parce que ce patronage semble s'imposer comme se rattachant à l'ancien culte régional dont témoignent les nombreuses abbayes bénédictines qui, de bonne heure et bien avant l'établissement de la paroisse et la construction de l'église de Saint-Benoît, florissaient déjà dans tous les environs : à Luçon, à Saint-Michel-en-l'Herm, à Talmond, à Noirmoutier, etc... J'ajoute que les plus anciens recueils officiels diocésains s'accordent tous à constater que le prieuré primitif de Saint-Benoît-sur-Mer avait été établi par les moines bénédictins de l'abbaye de Saint-Michel-en-l'Herm, et qu'il est inadmissible que ceux-ci, en mettant la nouvelle fondation sous le patronage de saint Benoît, aient pu songer à un autre Saint que le glorieux fondateur de leur Ordre.

Quant à la dénomination complémentaire *sur-Mer*, bien qu'elle paraisse aujourd'hui injustifiable, néanmoins elle s'explique tout naturellement si l'on songe que les marais de Saint-Benoît sont une conquête relativement récente sur l'Océan, et qu'à l'époque — impossible à préciser mais très éloignée — où fut établi l'embryon de paroisse, toute cette contrée, actuellement traversée par le Lay, se trouvait sous les eaux et faisait partie d'un large golfe où pointaient, çà et là, depuis Grues jusqu'à l'Aiguillon, des îlots peu à peu rattachés au continent.

Ce que tout le monde ne sait pas

Biographie de Charette

(SUITE)

Chapitre V

Infractions au traité commises par les républicains. — Tentatives d'enlèvement de Charette. — La guerre recommence. — Annonce de la prochaine arrivée d'un prince du sang. — Le comte d'Artois à l'Ile-Dieu. — Démarche de Dumouriez auprès de Charette et réponse du général royaliste. — Malheureuse affaire de Saint-Cyr. — Le comité de Paris. — Lettre de Souwarow.

Pendant cet intervalle de paix, le pays continua d'être administré d'après l'organisation faite par Charette. Une assemblée du clergé fut convoquée au château du Pont-de-Vie, commune du Poiré. Dans cette réunion, composée de quarante-cinq membres, on s'occupa de régler tout ce qui avait rapport à la religion, et des remerciements furent présentés au général par MM. Charette de la Colinière, vicaire-général de Luçon, Moreau, curé du Poiré, et Remaud, aumônier-général de l'armée, députés à cet effet. Charette promit de donner une scrupuleuse attention aux intérêts du culte. Il savait que les sentiments du royaliste et ceux du chrétien doivent toujours demeurer inséparables, et il ne manquait pas, autant qu'il lui était possible, d'assister religieusement à l'office divin, accompagné de ses chasseurs avec leur drapeau.

Plusieurs actes de violence, commis par les républicains, ne tardèrent pas à faire voir combien la pacification était peu sincère de leur côté. La Convention avait donné des ordres pour arrêter

successivement, par surprise, tous les chefs des
brigands, comme elle disait. Goulepot, commandant aux environs de la Garnache, et onze de ses
soldats furent saisis, conduits à Nantes et fusillés.
M. Allard, ancien aide-de camp de Henri de la
Rochejaquelein et commandant la division des
Sables, fut enlevé avec une vingtaine des siens et
emprisonné. Charette écrivit au représentant Gaudin, qui était aux Sables, pour se plaindre d'un tel
manque de foi : l'officier, porteur de la lettre, faillit être arrêté à son tour.

Le lendemain, jour de la Saint Jean, quarante
cavaliers républicains vinrent à Belleville, quar-
tier-général de Charette, avec une proclamation
aux insurgés, et une sommation de livrer les ma-
gasins militaires et de mettre bas la cocarde blanche. Charette, en ce moment, était à la messe : il
sortit de l'église avec sa troupe. Quand le commandant du détachement eut parlé de quitter la
cocarde blanche : « C'est vous, dit le général, qui
mettrez bas la cocarde tricolore » ; et, en même
temps, il le fit cerner par trois cents hommes qui
le désarmèrent et le mirent en prison, lui et son
monde. La plus grande partie étaient des officiers
de différents grades, sous l'uniformes de simples
cavaliers, venus pour enlever Charette, ainsi que
plusieurs des prisonniers le déclarèrent.

Quelques jours auparavant, au moment même
où Louis XVII devait être remis entre les mains
des Vendéens, le malheureux et royal enfant venait de rejoindre ses parents assassinés : il était
mort au Temple, victime du plus lâche, du plus
infâme peut-être de tous les crimes révolutionnaires, soit qu'il ait succombé aux atteintes du

poison ou aux mauvais traitements. La République demeurait fidèle à son atroce nature.

D'une autre part, le comte d'Artois avait envoyé à Charette l'ordre positif de recommencer la guerre, en lui annonçant une grande expédition préparée dans les ports de l'Angleterre. Charette adressa, en conséquence, une proclamation à son armée, pour lui annoncer la reprise d'armes. Tel était le dévouement des soldats de Charette, qu'ils s'arrachèrent sans aucune hésitation à un repos si chèrement acheté. Tout le monde répondit à l'appel. Le frère aîné de Charette, ex-lieutenant au régiment de Viennois, un frère digne de lui, revint d'émigration, à cette époque, pour se ranger à ses côtés. Comme il n'était pas encore connu dans le pays, le général ne lui donna pas de commandement, et le plaça simplement dans son état-major : tant il s'en fallait qu'il fît valoir ses parents aux dépens d'autrui !

Les Bleus avaient, malgré le traité, établi aux Essarts un camp qui interceptait les communications de Charette avec M. de Sapinaud. Charette somma le commandant républicain de se retirer ; sur le refus de celui-ci, il attaque et emporte le camp de vive force et, sur cinq cents hommes qui l'occupaient, en fait trois cents prisonniers. Il offrit au représentant Gaudin de les échanger contre les Vendéens arrêtés. Gaudin ne répondit même pas.

D'autres avantages suivirent la prise du camp des Essarts. Guérin l'aîné et Colin, avec leurs volontaires du pays de Retz, enlevèrent un convoi près de Beaulieu. Guérin jeune et Gogué en prirent un autre près d'Aigrefeuille. Ainsi, on débutait par des succès. Mais, en ce moment même, dans le Morbihan, le débarquement de Quiberon aboutissait à un affreux désastre. Quand Charette apprit cet épouvantable massacre des émigrés qui s'étaient rendus par capitulation, il dut, à regret, user de représailles, et il signifia aux réprésentants qu'il en serait de même à l'avenir, seul moyen d'empêcher, peut-être, le retour de semblables horreurs.

Une nouvelle expédition anglaise devait succéder à celle de Quiberon. Le comte d'Artois fit annoncer positivement à Charette, par M. de Rivière, qu'il allait descendre en Poitou. Dès le mois de juillet 1794, Charette avait reçu le grade de lieutenant général. M. de Rivière lui apporta le cordon rouge. En recevant ce glorieux insigne, Charette répondit qu'il ne le porterait qu'après que toute l'armée aurait reçu sa récompense. C'est ainsi qu'il ne cessait jamais de s'identifier avec ses soldats, de confondre leurs intérêts avec les siens.

L'annonce de la venue du comte d'Artois lui fut une joie bien grande ; c'était là, depuis longtemps, l'objet de ses vœux. En attendant, le commodore anglais Warren parut sur la côte du Marais, pour apporter des secours en matériel. Charette, averti, se porte sur ce point. Les détachements des Bleus sont battus. Les chaloupes anglaises mettent à terre, au milieu des acclamations générales, quarante milliers de poudre, deux pièces de huit, six mille fusils, des sabres, des pistolets, des effets d'équipement. Soixante-quinze voitures furent chargées de ces secours, les premiers que la Vendée eût reçus de l'Angleterre. Il y avait aussi cinquante mille livres en or, dont Charette ne garda

rien pour lui-même. Tout fut remis à l'aumônier
de l'armée et aux principaux officiers, pour les be-
soins publics. Le convoi se dirigea sans obstacle
sur Belleville. Sept émigrés avaient débarqué en
même temps, parmi lesquels le comte Constant
de Suzannet, MM. de la Voûte, Lefebvre et de Jal-
lais. Cinq frères de ce dernier venaient de périr
dans le massacre de Quiberon. M. Lefebvre, à
peine arrivé, fut tué en combattant avec un grand
courage.

Le comte d'Artois devait quitter Portsmouth le
25 août et arriver sur la côte de Poitou dans les
premiers jours de septembre. Le jour de la Saint-
Louis, Charette fait prendre les armes à toutes ses
divisions. Retardée par diverses circonstances,
l'escadre où se trouvait le comte d'Artois, avec
deux mille cinq cents émigrés enrégimentés et
quatre à cinq cents officiers destinés à servir de
cadres, vint mouiller à l'île d'Yeu le 24 septembre
seulement. Le prince débarqua dans l'île le 2 oc-
bre ; il y fut rejoint par le duc de Bourbon.

L'enthousiasme des Vendéens était au plus haut
degré. Sur la demande du comte d'Artois, Charette lui indique le point de la côte où il l'attendra.
Le jour convenu (c'était le 10 octobre), Charette,
après un léger avantage obtenu à Nesmy, s'approche avec quinze mille hommes du village de la
Tranche, non loin du Pertuis-Breton ; mais, en
route, il rencontre le comte de Grignon, aide-de-
camp du prince, qui lui annonce que le débarquement est ajourné ; en même temps il lui remet un
magnifique sabre dont la lame portait cette devise : *Je ne cède jamais.*

La douleur de Charette et de son armée fut bien

cruelle. « Dites au prince, dit-il, qu'il m'envoie l'arrêt de ma mort. Aujourd'hui, j'ai quinze mille hommes, demain je n'en aurai pas trois cents. Il ne me reste qu'à me cacher ou à périr les armes à la main : je périrai ! »

Peu après, les Anglais remirent à la voile, sous prétexte que la mer n'était plus tenable dans ces parages Ils avaient jugé, d'après l'enthousiasme vendéen, que la présence du roi amènerait des résultats plus grands que ne le voulait une infernale politique. Mais ce n'est pas l'Angleterre seule qu'il faut accuser : ce sont aussi les courtisans, qui environnaient le comte d'Artois ; ces gens-là aimaient bien mieux vivre tranquilles à Londres que de venir avec lui chercher sur le sol français de nobles dangers ; méprisable entourage, bien funeste à ce prince, dont le cœur ne péchait que par faiblesse.

Plus d'une ténébreuse menée s'agitait alors. On a publié (et ce document n'a été l'objet d'aucun démenti, d'aucune réfutation) une longue lettre adressée dans ce temps à Charette par le général Dumouriez, agent bien connu des intérêts orléanistes. Dumouriez, qui avait autrefois connu Charette, l'engageait, dans les termes les plus pressants et les plus adroits, à mettre ses talents, son courage et celui de ses soldats au service de ces intérêts-là, lui montrant, en perspective, les plus magnifiques récompenses. Voici la réponse que lui fit le loyal Charette :

« A Sainte-Flaive-des-Loups, le 21 novembre 1795
            » Mon cher Dumouriez,

      » Dites au fils du citoyen Egalité d'aller se faire foutre !   » Le chevalier *Charette*. »

Après une aussi énergique réponse, cette tentative ne pouvait avoir d'autres suites.

Privé de l'espérance que les Anglais et les courtisans venaient de lui ravir, Charette avait mis en délibération s'il congédierait momentanément ses troupes, ou s'il profiterait du rassemblement pour une attaque. On décida de se porter sur le bourg de Saint-Cyr. Ce n'était pas l'avis du général : les instances de quelques officiers prévalurent.

Les Bleus étaient fortement retranchés dans l'église Guérin commandait l'avant-garde avec Le Moël. A l'abri des coups des Vendéens, l'ennemi les accueillit par une fusillade meurtrière. Vainement, pour le déloger, essaya-t-on l'incendie. Guérin l'aîné, principal promoteur de cette attaque, fit des prodiges de valeur. S'étant avancé trop loin pour sauver un officier blessé, il tomba lui-même sans vie, atteint de deux coups de feu. Il fallut se retirer avec une perte considérable : on comptait deux cents morts, outre les blessés.

Guérin surtout fut l'objet d'un deuil universel. Cet intrépide chef fut enterré au Bourg-sous-la-Roche, avec tous les honneurs militaires. Guérin, avant la guerre, était un simple marchand poulailler, dont les dispositions naturelles et le grand cœur avaient suppléé aux ressources de l'éducation. Charette versa des larmes amères sur la perte de cet ami, de ce compagnon d'armes si digne de le remplacer, et l'on put voir, en cette occasion, ce qu'il y avait de sensibilité réelle au fond de son âme.

Cette malheureuse affaire de Saint-Cyr était un triste présage. Charette, en Vendée, soutenait seul la guerre. Stofflet, circonvenu par Bernier, enlacé dans les liens d'une trompeuse politique, demeurait dans un repos dont il ne sortit enfin que pour devenir lui-même victime et martyr.

Depuis la mort de Robespierre, il y avait à Paris un comité qui prétendait, de sa propre autorité, conduire l'action du parti royaliste. Les gens qui composaient ce comité ne faisaient rien, — au moins rien d'utile et d'efficace, — et ils voulaient que rien ne se fît sans eux. Ils s'interposaient entre le roi et la France, se constituaient les intermédiaires des correspondances les plus essentielles. Étrangers aux combats, ils aspiraient à dominer les hommes de guerre; dépourvus d'énergie, ils craignaient les caractères énergiques. Leurs mesquines combinaisons devaient, suivant eux mêmes, amener la restauration du pouvoir légitime, et ils entravaient tous les efforts sérieux et puissants. Le simple bon sens des paysans vendéens, joint aux nobles inspirations du cœur, voyait bien plus juste et bien plus droit que la prétendue habileté de ces politiques de salon. Ce comité ne s'était jamais mêlé des affaires de la Vendée que pour paralyser les plus belles chances de succès, et, jusqu'à la fin, on devait faire l'épreuve de sa fatale influence.

Au milieu de ces douloureuses circonstances, Charette reçut de l'autre extrémité de l'Europe un hommage bien flatteur. Le général russe Souwarow, ce glorieux vainqueur des Turcs, étranger aux calculs d'une tortueuse politique, lui exprima, dans la lettre suivante, ses chaleureuses sympathies :

« Héros de la Vendée, illustre défenseur de la foi de tes pères et du trône de tes rois, salut.

» Que le Dieu des armées veille à jamais sur toi ; qu'il guide ton bras à travers les bataillons de tes nombreux ennemis, qui, marqués du doigt de ce Dieu vengeur, tomberont dispersés comme la feuille qu'un vent du nord a frappée !

» Et vous, immortels Vendéens, fidèles conservateurs de l'honneur des Français, dignes compagnons d'armes d'un héros, guidés par lui, relevez le temple du Seigneur et le trône de vos rois. Que le méchant périsse ; que sa trace s'efface ! Alors, que la paix bienfaisante renaisse, et que la tige antique du lis, que la tempête avait courbée, se relève au milieu de vous plus brillante et plus majestueuse.

» Brave Charette, honneur des chevaliers français, l'univers est plein de ton nom. L'Europe étonnée te contemple, et moi je t'admire et te félicite. Dieu te choisit, comme autrefois David, pour punir le Philistin. Adore ses décrets. Vole, attaque, frappe, et la victoire suivra tes pas.

» Tels sont les vœux d'un soldat qui, blanchi au champ d'honneur, vit constamment la victoire couronner la confiance qu'il avait placée dans le Dieu des combats. Gloire à lui, car il est la source de toute gloire ! Gloire à toi, car il te chérit ! »

Chapitre VI

Hoche en Vendée. — Moyens qu'il emploie. — Derniers combats de Charette, — Propositions qui lui sont adressées. — Il les refuse. — Il est atteint et pris. — Triomphales lâchetés des républicains. — Condamnation de Charette. — Sa mort. — Son portrait.

Pour se débarrasser de Charette, la République

sentait bien qu'il lui fallait d'autres armes que
l'épée. Elle envoya contre lui ce même Hoche, qui
commandait à Quiberon quand le malheureux
Sombreuil crut à la foi républicaine. Habile militaire, Hoche n'était pas moins expert dans l'emploi
de la corruption, de l'espionnage, des menées té-
nébreuses. C'est à ce genre de moyens, bien plus
qu'à la force des armes, qu'il dut le titre pompeux
de *pacificateur de l'Ouest.*

Avant d'opérer sur la rive droite de la Loire,
Hoche dirigea son arsenal contre la Vendée. Ses
prédécesseurs l'avaient inondée de sang : Hoche
s'efforça de la salir, en versant sur elle l'écume
impure de sa police. Surtout, il tâcha de la diviser.
Il prodigua l'or pour trouver des traîtres : il eut
des paroles doucereuses pour tromper les paysans,
les divisionnaires, et les amener à se séparer de
leur chef. Il chercha aussi à gagner des ecclésias-
tiques, afin de s'en faire des instruments. Cette
révolulion, qui avait souillé les sanctuaires, massacré les pontifes, déclaré la guerre à Dieu même,
jouait ici un nouveau rôle ; elle cherchait à exploi-
ter auprès d'une population pieuse l'influence de
la religion et de ses ministres.

En même temps qu'il agissait par la corruption,
Hoche couvrait de ses troupes le territoire de
Charette. Trente mille Bleus, s'avançant par toutes
les directions, resserraient de plus en plus le général vendéen. Quelques divisionnaires, abusés
par les paroles de Hoche, croient pouvoir parler
de paix : ils présentent à Charette un mémoire
écrit dans ce sens. Charette leur répond en les
menant contre les Bleus. Une colonne ennemie
est culbutée à la Thébaudière, sur les bords de la

Boulogne. Le brave Prudent de la Robrie avait été un des signataires du mémoire pacifique : pour réparer ce qu'il se reprochait comme une faute, il combattit en désespéré, dans cette dernière affaire, et tomba, frappé mortellement, au milieu même des Bleus. Il fut vivement regretté par Charette et par toute l'armée.

Le 24 décembre, une autre rencontre, aux environs du château de Châtenay, coûta la vie à Pajot. Ainsi Charette voyait tomber l'un après l'autre tous ses meilleurs officiers. Mais rien n'ébranlait sa résolution. Un corps ennemi était campé aux Quatre-Chemins, lieu déjà célèbre par plus d'un combat. Charette va l'attaquer. M. de Couëtus entame vigoureusement l'action : les Bleus, forcés dans leurs retranchements, sont mis en déroute : la cavalerie royaliste, commandée par Colin, sabra un grand nombre de fuyards. Six cents Bleus restèrent sur place.

Cette victoire fut la dernière de Charette. Le nombre l'accablait. Le cercle de baïonnettes ennemies devenait de plus en plus épais, tandis que chaque jour éclaircissaient les rangs de la faible armée royaliste. Beaucoup de soldats rentraient dans leurs foyers : la force n'avait pu les vaincre, mais leur loyauté même les livrait plus facilement aux piéges trompeurs des agents révolutionnaires.

Pour élargir cé cercle où on le resserre, Charette tente un mouvement vers la Sèvre. Dans la nuit du 1er au 2 janvier 1796, il attaque une colonne sur la route de Montaigu à Aigrefeuille; d'abord vainqueur, il est repoussé par de puissants renforts. Le général Travot, averti par quelques mi-

sérables que l'or républicain a séduits, accourt
pour surprendre Charette à la Brufflère : les royalistes se font jour à la baïonnette et gagnent Chavagnes, encore affaiblis par ce nouveau combat.

La situation était désespérée : on était presque
sans munitions ; le découragement, la désertion
se propageaient de plus en plus. L'intrépide Couëtus est lui-même d'avis de faire une tentative
pour la paix. Charette, afin de ne pas compromettre inutilement ses compagnons d'armes les plus
dévoués, laisse Couëtus libre de risquer cette démarche. Couëtus se rend auprès du général Gratien, sur la lande de Jouinos : ils conviennent
d'une suspension d'hostilités, en attendant que les
conditions proposées soient soumises à Hoche et à
Charette. Celui-ci approuve les préliminaires de
paix, mais il engage Couëtus à la défiance. Ce
vieux gentilhomme ne peut croire à une trahison :
il va coucher tranquillement au château de l'Epinay. Là, au milieu de la nuit, il est cerné, arrêté ;
on le conduit à Challans ; on le traduit devant une
commission militaire. Ce tribunal lui fait entendre qu'il peut se sauver en déclarant qu'il n'a pas
commandé l'avant-garde aux Quatre-Chemins.
Couëtus refuse de racheter sa vie par un menson-
ge : il est condamné à mort et fusillé ainsi que
deux officiers qui l'accompagnaient.

Cet abominable attentat fit voir qu'avec les républicains il n'y avait ni trêve ni capitulation possible. La lutte recommença plus furieuse. Malgré
l'extrémité où il se trouvait, Charette résistait toujours. Son nom était presque sa seule force, et
pourtant ce nom faisait encore peur à la République. Hoche voulait terminer la guerre à tout prix.

Par l'entremise de l'abbé Guesdon, curé de la Ra-
batelière, il offre à Charette les moyens de quitter
la France avec toutes les personnes qu'il lui plaira
d'emmener : il trouverait, à Saint-Gilles, un navire parlementaire prêt à le transporter sur la
côte anglaise. Un million comptant lui serait payé
à son arrivée. Le général Gratien renouvelle par
écrit ces propositions : Charette les refuse, ne
voulant pas, dit-il, abandonner les braves qu'il
commandait.

Stofflet avait enfin repris les armes ; mais, arrêté par trahison, il venait d'être fusillé à Angers.
Son sort annonçait assez celui de Charette. Celui-
ci n'avait plus auprès de lui que deux cents cavaliers et une quarantaine de déserteurs. Travot
vient l'attaquer à la Bégaudière, et d'abord il est
repoussé ; mais quatre cents grenadiers renouvel-
lent la lutte. La faible troupe succombe ; elle est
poursuivie jusqu'au bourg de l'Herbergement.

Charette ne conservait plus qu'un petit noyau
d'amis à toute épreuve. « Nous sommes trahis,
vendus, leur dit-il, il ne vous reste plus d'espoir
que de vous confondre dans la foule. Qu'aucune
considération ne vous arrête. Pour moi, résigné
aux décrets de la Providence, je me défendrai en
soldat et mourrai en chrétien. » Ses compagnons
jurèrent de partager son sort.

Mais chaque rencontre enlevait à Charette quel-
ques-uns de ses braves. Traqué nuit et jour, exté-
nué par la fatigue et par la fièvre, le général n'a-
vait plus que trente-deux hommes, tous à pied
comme lui, quand il fut atteint, le 23 mars, à la
Prelinière, paroisse de Saint-Sulpice, par quatre
colonnes républicaines, « C'est ici, s'écrie-t-il,

qu'il faut se battre jusqu'à la mort et vendre chèrement sa vie ! » Cette poignée d'hommes lutte
avec une énergie désespérée. Dix ou douze périssent. Charette reçoit un coup de feu à la tête ; un
coup de sabre lui coupe trois doigts de la main
gauche. Cependant, on ne le tient pas encore. Un
de ses compagnons, un alsacien nommé Peiffer,
s'empare du chapeau de Charette, où flottait un
panache blanc, et le place sur sa tête. « Mon général, dit-il, sauvez-vous ! Avec votre panache je les
attirerai tous sur moi, et ils me tueront à votre
place ! »

Sublime et inutile dévouement ! Pieffer est massacré, en effet ; mais, un peu plus loin, au bord du
bois de la Chabotterie, Charette, reconnu, est de
nouveau atteint par la colonne de Travot. Là,
s'engage une suprême lutte. Epuisé, perdant son
sang, Charette tombe. Bossard, un de ses soldats,
veut le relever et l'emporter : il est frappé mortellement. Le jeune La Roche-Davo prend sa place : il
est tué aussi. Un troisième dont le nom, malheureusement, est ignoré, se charge, à son tour, du
glorieux fardeau ; mais, ne pouvant aller plus
loin, il le dépose dans le taillis : c'est là qu'enfin
Charette, hors d'état de se défendre, est découvert
et saisi.

Quelques jours auparavant, Hyacinthe de la Robrie, dernier survivant des trois frères de ce nom,
avait fait sa soumission. Il avait pris une vaillante
part aux combats de Charette. Cependant, on prétendit qu'il avait livré son général et que, le **23**
mars, il avait guidé les républicains. Afin de jeter
des divisions et des haines parmi les royalistes,
les Bleus contribuèrent à propager cette accusa-

tion infâmante ; mais, depuis la guerre, Travot lui-même l'a positivement démentie. Elle l'a été plus solennellement encore, le 20 avril 1826, par une commission d'anciens officiers vendéens, présidée par le comte de Chalus et chargée de l'examen attentif de cette affaire. La conduite de La Roberie, dans des événements plus récents, achève, d'ailleurs, de laver sa mémoire.

Charette, transporté d'abord au château de Pont-de-Vie, puis à Angers, fut, de là, conduit en bateau à Nantes. La prise d'un seul homme blessé, fugitif, sans armée, provoqua chez les républicains plus de réjouissances que la conquête d'un royaume. « Nous sommes comme des fous, écrivait à Hoche le général Grignon, depuis cette nouvelle. » Les membres du Directoire la firent annoncer sur tous les théâtres de Paris. Pendant le trajet d'Angers à Nantes, des chaloupes canonnières tiraient, de lieue en lieue, pour célébrer ce grand triomphe. Les républicains, par des démonstrations extraordinaires, donnaient la plus éclatante consécration à la gloire de Charette.

Arrivé à Nantes, le 27 mars, à onze heures du soir, Charette fut conduit, le lendemain matin, chez le général Duthil, qui eut la lâcheté de l'accabler d'injures ; puis, entouré d'une formidable escorte, on lui fit parcourir à pied, malgré ses blessures, une grande partie de la ville. Ce prisonnier, le bras en écharpe, avec ses habits tout sanglants et déchirés par les balles, semblait écraser encore de sa grandeur tous les généraux républicains aux uniformes brodés d'or, dont la joie insultait à sa position. En passant sur la Fosse, l'excès de la souffrance physique lui causa une défaillance ; on le fit entrer dans une boutique ; il ne voulut prendre qu'un verre d'eau ; après quoi, l'on eut la barbarie de lui faire continuer cette abominable promenade.

Un tailleur établi à Nantes, Boëts, dit Flamand, avait fait à Charette, pendant la pacification, diverses fournitures. Le soir même de ce jour, le général le fit demander pour lui régler son compte. Boëts s'empressa de se rendre à la prison ; mais des commissaires interrogateurs étant survenus, l'affaire fut remise au lendemain matin. Boëts fut exact, non pas à cause de sa créance, qu'il aurait abandonnée de grand cœur, mais dans la pensée que Charette pouvait avoir quelque chose à lui confier. Il était sept heures et demie. Le prisonnier reposait, étendu sur son lit, tout habillé, le bras en écharpe. Au bout d'un moment, il s'éveilla. « Il y a longtemps, dit-il, que je n'ai aussi bien dormi. » Il arrêta le compte de Boëts, laissant à sa famille le soin d'acquitter le montant. « Je suis désolé, dit-il, mon cher Flamand, de ne pouvoir vous solder cette dette avant ma mort : je vous avais envoyé de l'argent il y a quelque temps par un paysan, mais j'ai su qu'il avait été arrêté et fusillé par les républicains. » Il s'interrompit pour demander à déjeûner ; puis, revenant à Flamand : « On m'a engagé plusieurs fois, reprit-il, à passer en Angleterre ; mais j'avais juré de ne jamais abandonner les Vendéens, et j'aimais mieux ainsi mourir que de trahir mon serment. » On apporta alors le déjeûner. Boëts, pouvant à peine maîtriser son émotion, prit congé du général. Charette lui fit ses adieux, le serra dans ses bras. « Mon cher Flamand, ajouta-t-il, nous nous reverrons dans un monde meilleur. »

Charette reçut aussi la visite de sa sœur, de sa belle-sœur, de sa tante Mlle de la Gascherie ; il joua tranquillement avec la fille du geôlier, enfant de onze ans, puis il parut devant la commission militaire. Sa contenance et son langage furent exempts de forfanterie comme de faiblesse. Le jugement n'était qu'une affaire de forme. Charette entendit sans émotion son arrêt, prononcé d'avance. Il désirait les secours privés d'un prêtre non assermenté : on lui dit d'en nommer un. La crainte de le compromettre l'en empêcha. Le sieur Guibert, prêtre assermenté, reçut sa confession.

Le même jour, Charette, d'un pas ferme, descendit les degrés du Bouffay pour marcher à la mort. Toute la garnison, toute la garde nationale, étaient sous les armes ; les rues étaient remplies d'une foule immense, la même foule qui, un an auparavant, avait salué l'entrée triomphale du général vendéen. Il priait. Un misérable se met à vomir contre lui un torrent d'injures. Charette le cherche des yeux, le regarde et continue sa prière. En route, il apprend que le général républicain Jacob, qu'il avait battu à la Roulière, était détenu pour ce motif, sous l'accusation de trahison : il prend soin de le disculper.

Un peloton attendait le condamné sur cette même place Viarmes où Cathelineau reçut le coup mortel. C'était devant un mur de jardin qui fait le coin de la rue de la Miséricorde. Charette refuse le mouchoir qu'on lui présente pour couvrir ses yeux ; il tire sa main mutilée de l'écharpe qui la soutenait, la place le long de sa cuisse, commande lui-même le feu et tombe mort.

La foule s'écoula silencieuse : les républicains

eux-mêmes étaient frappés d'admiration. Le même jour, dans une auberge, quelques énergumènes se répandaient en imprécations contre Charette. Des volontaires, qui, probablement, avaient su l'apprécier en le combattant, imposèrent silence à ces lâches insultes. « Citoyens, dirent-ils, Charette est mort : c'était un brave ; n'en dites pas de mal. »

Le corps fut jeté dans une carrière qui servait de sépulture aux soldats morts dans les hôpitaux et les prisons.

Ainsi périt Charette, le 29 mars 1796, à l'âge de trente-trois ans moins un mois. Son caractère se peint assez dans ses actions. La vivacité même de ses passions ne lui fit jamais oublier la grandeur de sa tâche. L'homme adonné au plaisir, recherché dans sa toilette, était devenu plus dur pour lui-même que pour personne. Ses ennemis ont essayé de transformer en cruauté l'énergie de son caractère : mais une foule de traits de sa vie sont la plus éclatante réfutation de cette calomnie. Ce fut toujours malgré lui, en cédant à une nécessité manifeste, que Charette ordonna des actes de justice ou de représailles. Dans les guerres civiles, il est des occasions où la clémense poussée trop loin deviendrait une généreuse faute.

Résumons en peu de mots l'histoire de Charette. En débutant, il est forcé de lutter non seulement contre l'ennemi, mais encore contre les difficultés intérieures. Les échecs, les mutineries, rien ne le décourage. Il se raidit contre tous les obstacles. A force de persévérance, il se crée une armée. Les batailles de Torfou, de Montaigu, de Saint-Fulgent, où il eut une large part ; celles des Clouzeaux, de la Roulière, de Fréligné, qui appartiennent à lui seul ; la prise et la reprise de Machecoul et de Legé, l'audacieuse conquête de Noirmoutier, la merveilleuse retraite de Bouin, cette campagne d'hiver de 1794, admirée par Bonaparte et par tous les grands capitaines modernes ; plus de trente combats importants, outre une multitude d'engagements journaliers ; une guerre de deux ans soutenue sur un territoire qui n'a pas vingt-cinq lieues dans sa plus grande étendue : tels sont ses travaux militaires. La République n'avait pu le vaincre : elle ne vint à bout de lui qu'en l'écrasant, encore, aidée par la corruption. Charette fut plus qu'un brave guerrier : il fut un politique, un organisateur. Il possédait au plus rare degré la persistance, l'activité, l'esprit de ressources, toutes les qualités du chef de parti. Près de périr sous le nombre et la trahison, il effrayait encore ses ennemis, au point de se voir offrir par eux des conditions qui sembleraient le prix d'une victoire.

Quant à l'extérieur, Charette était d'une taille avantageuse (environ cinq pieds cinq pouces), mince, bien fait, de belle tournure. Il avait le visage ovale, le nez un peu relevé, le menton saillant, les yeux enfoncés et petits, mais pleins de feu. Un mouleur en plâtre, nommé Casanne, obtint la permission de prendre, sur son cadavre, l'empreinte de ses traits. Cette empreinte a servi de modèle pour tous les portraits faits depuis. Casanne faillit être fusillé, quelques jours après, comme ayant vendu les restes de Charette aux Vendéens. Il put, heureusement pour lui, retrouver et montrer dans la carrière le cadavre encore reconnaissable, quoique à demi décomposé, qui inspirait de si grandes craintes aux vainqueurs de l'Europe. Il leur semblait que les restes de Charette, portés dans la Vendée, y feraient naître des armées nouvelles.   Th. MURET.

Le Gérant : M. BIDEAUX.

Luçon — Imp. M. Bideaux

Nouvelle Série (6ᵉ année) — N° 6 — Juin 1914

LA VENDÉE HISTORIQUE
et TRADITIONNISTE

Ephémérides Vendéennes

4 JANVIER (1846)

Sacre de Mᵍʳ Baillès, trente-huitième évêque de Luçon. — Un évêque zélé et rigide, mais ami de la simplicité. — Son entrevue avec un maire ami de la chopine.

Né à Toulouse en 1798, Mᵍʳ Jacques-Marie-Joseph Baillès avait exercé les fonctions de vicaire-général dans son diocèse d'origine. Nommé évêque de Luçon, le 15 août 1845, il fut sacré à Paris le 4 janvier 1846.

Il a laissé en Vendée la réputation d'un pasteur rigide et peut-être ultra-zélé, mais dont la simplicité et les allures rappelaient les premiers temps apostoliques. C'est ainsi qu'il avait l'habitude de faire à pied presque toutes ses visites pastorales, la voiture qui l'accompagnait ne servant guère qu'à transporter les ornements pontificaux. En outre, il choisissait ordinairement la mauvaise saison, parce qu'alors les cultivateurs étaient moins occupés et avaient moins à se gêner pour le recevoir. Quand les chemins étaient trop mauvais, il montait parfois dans une charrette à bœufs, d'où il bénissait la foule édifiée qui lui faisait cortège.

Le pieux évêque n'aimait point les réceptions de gala, et il lui arriva de rabrouer vertement certains curés qui avaient cru devoir se mettre en frais pour le recevoir : « Je ne suis pas autrement fait que vous, disait-il, et je ne demande qu'une soupe aux choux, un morceau de lard et une *platée de pois*. »

Cette simplicité apostolique avait valu à Mgr Baillés une très grande popularité qui parfois se traduisait, surtout dans le Bocage, par un accueil non moins familier que cordial : à preuve la piquante anecdote que je vais raconter, d'après le témoignage d'un vieux prêtre du diocèse.

C'était dans un village de Beaufou, habité par le maire de la commune et où devait passer l'évêque. Un magnifique feu de joie avait été dressé devant la porte du magistrat municipal, simple paysan qui avait l'habitude de se « piquer le nez » plus souvent qu'à son tour et qui, probablement en l'honneur de Monseigneur, s'était lesté, dès le matin, d'un solide plumet préparatoire : si bien qu'il se trouvait déjà, comme on dit, à peu près « pompette » lorsque parut le prélat.

A peine l'allumette eut-elle enflammé la paille du feu de joie, qu'on vit tout à coup *Môssieu le Maire*, ceint de son écharpe, sortir de sa maison en titubant et, un verre dans une main, une bouteille dans l'autre, s'avancer en s'écriant : « Monseigneur, il ne sera pas dit que vous serez passé chez nous sans nous faire l'honneur de prendre au moins un verre ! »

Quelque peu interloqué tout d'abord, Mgr Baillès finit par rire de bon cœur ; mais il eut beaucoup de peine à faire comprendre au maire « pompette » que, devant officier ce jour même dans l'église de Beaufou, il ne pouvait rien accepter — pas même un verre !

Petits Papiers de la V. M.

Interrogatoire de d'Elbée

Grièvement blessé à la bataille de Cholet, d'Elbée n'avait point suivi, comme Lescure, la fortune de la Grande Armée au-delà de la Loire. Demeuré sur la rive gauche, il était allé se réfugier sur le territoire de Charette, puis à Noirmoutier. Tombé entre les mains des républicains lorsque ceux-ci s'emparèrent de l'île, il fut interrogé par les généraux et représentants, condamné par la Commission militaire et fusillé dans un fauteuil. Son interrogatoire est à retenir comme l'une des pièces les plus curieuses du dossier vendéen. En voici le texte, tel qu'il a été recueilli par Piet, secrétaire de la commission militaire et historien de Noirmoutier :

Interrogé sur son nom, son âge, sa qualité, profession et demeure,

A répondu : Je me nomme Maurice-Joseph-Louis Gigost d'Elbée ; j'ai quarante-et-un an ; je suis né à Dresde, en Saxe, et naturalisé français en 1757 ; ancien lieutenant de cavalerie du cinquième régiment des chevau-légers. J'ai servi en

France jusqu'en 1783. Je vivais, depuis, retiré à Beaupréau, district de Saint-Florent.

Interrogé quel motif l'a déterminé à s'armer contre son pays ?

A répondu : Je n'eusse point pris les armes contre mon pays, si je n'eusse point été contraint. Cependant on n'a point employé la violence, parce que je n'ai, à la vérité, opposé aucune résistance. Le 13 mars 1793, j'acceptai le commandement d'environ 2.000 hommes rassemblés sur la place de Beaupréau, et ne fis d'abord d'autres dispositions militaires que pour la garde de ce poste et des paroisses circonvoisines.

Interrogé à quel rassemblement il se joignit, lui et ses 2.000 hommes ?

A répondu : Il existait une autre armée commandée par Cathelineau et Stofflet, à laquelle je me joignis. Cette armée portait le nom d'*Armée catholique* ou *Grande Armée*.

Interrogé quel était le but de la guerre que ces rebelles avaient entreprise ?

A répondu : Dans le principe, le but des rebelles, en entreprenant cette guerre, *ne fut que de se soustraire* à la levée des troupes républicaines, destinées à défendre les frontières. Il devint, bientôt après, celui de défendre le trône et le clergé.

Interrogé s'il avait émigré ?

A répondu : Oui. J'ai émigré à Worms au commencement de novembre ; et je rentrai en France, conformément à la loi sur les émigrés, le 30 avril 1792.

Interrogé s'il avait des parents émigrés, et quelle était et où était sa famille ?

A répondu : Je n'ai vu qu'un de mes parents

émigrés, que je ne connaissais point, et quelques
alliés de ma femme, que je ne connaissais pas
plus, et avec qui je n'avais aucune relation. *Je
n'ai maintenant aucuns parents en France, que la
famille de ma femme.* Le 18 octobre 1793, je laissai
à Saint-Remi-en-Mauges, entre les mains de la
femme Castillon, demeurant habituellement à
Maulévrier, un fils non nommé, né le 12 mars
1793.

Interrogé quel grade il avait dans l'armée des
rebelles ?

A répondu : Je ne fus d'abord que commandant
du rassemblement de Beaupréau ; mais, depuis,
je fus nommé général en chef des Armées catholiques.

Interrogé s'il avait connaissance que les chefs
ou autres agents des rebelles aient entretenu des
correspondances avec les puissances étrangères,
particulièrement avec l'Angleterre ; s'il en avait
obtenu des secours ?

A répondu : Dès le mois d'avril 1793, j'avais signé une commission au citoyen Guerry, habitant
de Tiffauges, avec plein pouvoir d'aller demander
de la poudre à la cour d'Espagne ou à celle de
Londres. Il fut arrêté à Noirmoutier, et sa mission
n'eut pas lieu. Depuis ce temps, moi et les chefs
de l'Armée catholique, avons répondu aux questions qui nous ont été faites et présentées, de la
part du ministère anglais, à trois reprises diffé-
rentes. Il demandait quelles étaient nos forces,
quelles étaient nos prétentions, notre but, nos
moyens, et quels pourraient être les secours que
l'on pourrait donner ; le dit cabinet faisant toujours affirmer verbalement, par ses agents, qu'il

ne fallait pas compter sur des secours en hommes. Nous nous sommes bornés à demander de la poudre, la rentrée des émigrés français, et à dire que du numéraire effectif, que l'on pourrait changer contre du papier national, nous serait très avantageux. Nous ne reçumes depuis aucun de ces secours, et même point de réponse. Vers la fin du mois dernier, j'ai signé une nouvelle demande de poudre et de quelques canons. J'ignore quel en sera le résultat. Cette demande fut portée par La Roberie, aide-de-camp de Charette.

Interrogé s'il n'avait pas, de concert avec les autres chefs, conservé particulièrement quelques correspondances avec quelques citoyens ou quelques corps administratifs, depuis qu'il était dans l'armée des rebelles ?

A répondu : Non.

Interrogé si le conseil de guerre des rebelles, ainsi que les comités particuliers et le conseil supérieur de Châtillon, n'avaient pas de relations avec quelque corps administratif ; ou si quelques citoyens, qui n'étaient pas dans leur armée, leur donnaient des renseignements et toutes les connaissances qui pouvaient leur être utiles ?

A répondu : Je n'en ai aucune connaissance. Je sais seulement que vos papiers publics et, je crois un bulletin qui venait de Saumur, parvenaient au Conseil Supérieur. J'ignore quel était leur moyen pour se le procurer. Un des membres m'a dit avoir trouvé un moyen de faire parvenir, jusqu'au Club des Jacobins à Paris, une proclamation. J'ignore quel moyen.

Interrogé si les chefs de la force publique, attachés à la République, n'avaient pas secondé leur projet par quelque trahison ; si eux-mêmes ne les avaient invités à livrer telle ou telle place, ou à les servir par quelques moyens ; s'ils n'avaient pas cherché à corrompre nos soldats.

A répondu : Non, moi je n'ai jamais cherché à gagner vos soldats ; je n'ai jamais cherché à corrompre vos soldats ; je n'ai jamais cherché à gagner vos généraux ni vos administrations, ni n'ai eu de correspondance avec eux. Je n'ai aucune connaissance que les autres chefs aient cherché à le faire.

Interrogé s'il n'y avait pas eu un centre de conjuration à Niort ?

A répondu : Non.

Interrogé s'il n'avait pas connaissance que l'Armée Catholique ait caché, lors ou avant son passage de la Loire, des canons, des fusils, des munitions, et même de l'argenterie ; s'il savait où étaient ces dépôts ?

A répondu : Non.

Interrogé s'il n'avait aucune relation à Paris, s'il n'avait pas connaissance que quelques membres de la Convention aient secondé leurs projets, en entretenant avec des chefs ou autres agents quelques correspondances ?

A répondu : Je n'ai jamais eu aucune correspondance à Paris, depuis le commencement de cette guerre. Je n'ai jamais connu de membre de la Convention, que Bourdon. Je ne lui ai jamais écrit et n'ai eu aucune relation avec lui.

Interrogé s'il n'agisssit pas de concert avec les rebelles du Calvados, et si Wimpfen ou Puisaye n'auraient jamais concerté avec eux de projet de contre-révolution ?

A répondu : J'ignore entièrement quels étaient leurs projets et leurs forces. Je n'ai jamais agi de concert avec eux.

Interrogé s'il n'avait point eu d'intelligence dans quelques-unes de nos places, particulièrement à Nantes.

A répondu : Non. Je sais seulement qu'il y devait être fait au emprunt de 300.000 francs.

Interrogé quelles étaient leurs intentions en attaquant cette place ?

A répondu : Nous voulions, si nous eussions réussi dans la prise de Nantes, nous défendre dans le pays et nous y maintenir, autant que nous eussions pu avoir la Loire pour barrière, au dessous de Saumur. Notre conseil provisoire, transporté soit à Angers, soit à Nantes, eût gouverné jusqu'à extinction de l'un ou de l'autre parti, jusqu'a ce qu'un gouvernement général eût fait place à celui-là.

Interrogé quels étaient ses principes sur le gouvernement ?

A répondu : Je jure sur mon honneur que, malgré que je désirasse sincèrement et vraiment le gouvernement monarchique, réduit à ses vrais principes et à sa juste autorité, je n'avais aucun projet particulier, et aurais vécu en citoyen paisible, sous quelque gouvernement que ce fût, pourvu qu'il eût assuré ma tranquillité et le libre service, du moins toléré, du culte religieux que j'ai toujours professé. Je dis plus : j'aurais employé tous les moyens qui auraient été en mon pouvoir, pour faire adopter les mêmes principes à tous ceux sur l'esprit desquels j'aurais pu avoir de l'ascendant.

Interrogé s'il avait jamais eu l'intention de marcher sur Paris, et quels moyens il comptait employer à l'appui de ses projets ?

A répondu : Moi je n'ai jamais conçu ni les projets ni les moyens.

Interrogé s'il savait quelles pouvaient être encore les forces commandées par Charette, leurs munitions, etc. ?

A répondu : Qu'il n'en avait aucune connaissance.

Interrogé s'il connaissait les projets de l'Armée Catholique, en se portant au de là de la Loire, et s'il était imbu de leurs succès et de leurs rèvers, de leurs mouvement et de leurs projets ?

A répondu : On m'a caché ce projet. Seulement on m'a demandé de faire assurer par 3.000 hommes choisis, le passage de la Loire, pour nous rétirer en Bretagne, en cas que nous ne pussions plus tenir la rive gauche de la Loire ; mais je soupçonne qu'il y avait un plan formé par quelques officiers nommés : et qu'ils ont exécuté, au moment où ma blessure et la mort de Bonchamps leur en ont laissé les moyens. Je n'ai eu depuis ce temps, aucune correspondance avec eux.

Interrogé quels moyens il pouvait concevoir pour pacifier la Vendée ?

A répondu : Une amnistie générale, les prêtres réfractaires non compris, laissant leur tolérance à la discrétion des agents que l'on emploierait pour pacifier, avec recommandation très extrême à ces mêmes agents de les surveiller et faire surveiller avec un soin extrème, et de ne souffrir aucun exalté. Avoir par district un agent sûr, aimé et connu des rebelles, qui travaillerait de concert avec les membres de son district, et rendrait compte à l'agent général et au député chargé de la pacification. Je suis si peu ennemi du régime républicain que, si l'on veut surseoir mon exécution jusqu'à ce que ce projet soit au point que l'on n'ait plus besoin de moi, j'offre d'y travailler, sous telle surveillance que ce soit. J'offre de pacifier les districts de Montaigu, Cholet, Saint-Florent, une grande partie de Vihiers, sinon la totalité ; mais il est essentiel que j'aie pour agents généraux le citoyen Boisy dans le district de Montaigu, et le citoyen Duhoux dans celui de 'Saint-Florent. Il serait aussi très essentiel de fixer un délai et des bureaux de change, pour convertir les assignats royaux en républicains ayant cours ; laissant de plus la commission au commissaire du peuple et au principal agent de faire à la Convention, département et district, toutes les demandes qu'ils jugeront convenables ; m'obligeant, si l'on m'emploie, à ne pas écrire un mot que je ne me soumette à la révision du surveillant que l'on m'indiquera.

Ce que tout le monde ne sait pas

C'est que le *Miel*, grâce aux merveilleuses propriétés des fleurs sur lesquelles il est butiné, est un admirable producteur d'énergie, qui rend le sommeil, donne la santé et préserve d'un grand nombre de maladies. Pour vivre longtemps, il faut manger beaucoup de miel. Celui du Gâtinais est le meilleur et le plus efficace. Pour l'avoir *très pur*, écrivez de notre part à l'abbé Navarre, Boigneville (S.-et-O.), dont la récolte a obtenu tous les premiers prix (hors concours et membre du Jury).

1 kilo, franço, 3 fr. ; 3 k., 7 fr. ; 5 k , 11 fr. ; 10 k., 21 fr. (contre mandat).

Petit Musée Traditionniste

250. — Croyances et Superstitions populaires : Les Fées dans la tradition vendéenne. — *III. Légendes locales sur les Fées anonymes (suite).* — Au *Champ-Saint-Père* (canton des Moutiers-les-Mauxfaits), la *Pierre-aux-Fées*, sur le coteau du Vigneau, était jadis le rendez-vous de nombreuses fées qui, pendant l'hiver, venaient veiller là chaque semaine, dans la nuit du samedi au dimanche. Jusqu'au douzième coup de minuit elles filaient tranquillement la quenouille, puis elles dansaient une ronde infernale jusqu'au premier chant du coq. Il n'y avait qu'une seule espèce d'herbe qui pût pousser sous la foulée de leurs pas et cette herbe, cueillie le matin de la Saint-Jean, une heure après le lever du soleil, avait la vertu de guérir les dartres.

— A *Chavagnes-en-Paillers* (canton de Saint-Fulgent), les fées fréquentaient presque tous les villages, mais spécialement ceux de la Coindrie et de la Prilliaire, où, contrairement aux habitudes des autres fées, elles se laissaient voir après le coucher du soleil et prenaient même part aux veillées d'hiver. Elles s'asseyaient au coin de la cheminée et là, toujours silencieuses, elles tricotaient jusqu'à minuit des bas et des chaussettes pour les petits farfadets qu'elles avaient à leur service et qui étaient chargés de veiller sur le bétail des villageois hospitaliers.

Ces bonnes fées étaient vêtues de robes très longues qui cachaient toujours leurs pieds. Un soir, avant l'arrivée des veilleuses, les femmes de la Coindrie, curieuses comme toutes les femmes, répandirent de la cendre tout autour du foyer et constatèrent, après le départ des fées, que leurs pieds avaient laissé l'empreinte de pattes d'oie. Cette curiosité fut punie : les fées, depuis lors, ne reparurent plus jamais, ni à la Coindrie ni ailleurs ; les farfadets qu'elles fournissaient de bas et de chaussettes disparurent eux-mêmes pour toujours et c'est depuis ce temps-là, dit-on, que le bétail est sujet à des maladies jusqu'alors inconnues sur tout le territoire de Chavagnes.

— Aux *Châteliers-Châteaumur* (canton de Pouzauges), dans le *pâtis de la Demoiselle*, une bonne fée avait coutume, chaque nuit, de venir donner ses instructions aux nombreux fadets qui, comme les farfadets de Chavagnes-en-Paillers, veillaient sur les troupeaux de la contrée. L'un de ces fadets ayant été maltraité par un mauvais drôle du voisinage, la fée protectrice se fâcha, quitta le pays, et là encore, comme à Chavagnes, tous les fadets ayant disparu avec elle, les épidémies sur le bétail furent la conséquence de cette double disparition.

— A *Cheffois* (canton de la Châtaigneraie), la *Fontaine-aux-Fées* fut longtemps en grande vénération. C'était là que, de dix heures à minuit, venaient se désaltérer toutes les fées des environs. Les eaux de la fontaine étaient toujours troubles le soir, mais le lendemain, depuis le lever du soleil jusqu'à midi, grâce aux fées qui les avaient purifiées en s'y abreuvant, elles étaient d'une limpidité parfaite et avaient, dit-on, la vertu de rendre les femmes fécondes. Aussi, au bon vieux temps où chaque ménage avait à cœur de multiplier le plus possible les berceaux, cette fontaine était-elle très courue par les jeunes femmes, et même par les jeunes maris. Ceux-ci devaient boire à genoux, après avoir puisé l'eau dans le creux de la main. Quant aux femmes, il fallait qu'elles s'étendissent tout de leur long, pour laper dans la fontaine.

— La légende de *Curzon* (canton des Moutiers-les-Mauxfaits) est bien connue dans toute la Vendée : c'est peut-être la plus populaire de toutes les légendes féeriques de chez nous. Elle se ramifie en une foule de petits faits qu'il serait trop long de rapporter ici par le menu, mais j'en vais donner au moins le résumé.

L'humble bourgade actuelle de Curzon s'appelait autrefois *Curbon* et était une cité importante. L'Océan baignait ses murs, et il y avait là un vaste port qui servait d'abri et d'entrepôt à tous les vaisseaux qui faisaient le commerce avec l'Espagne. Tout le pays aux alentours était riche et prospère, grâce à de nombreuses et puissantes fées qui s'étaient constituées les protectrices de la région curbonnaise. Elles obéissaient à une reine qui habitait, avec sa cour, un merveilleux palais souterrain dont l'entrée se trouvait sous la *Pierre-Plate*. énorme rocher que le vandalisme a détruit, mais qui existait encore il y a une soixantaine d'années.

Les habitantes du palais étaient approvisionnées par un commissionnaire qui, chaque samedi matin, venait à la *Pierre-Plate*, où il trouvait la liste des provisions hebdomadaires et une bourse pleine d'argent. Muni de la liste et de la bourse, le pourvoyeur allait au marché de Luçon, achetait les provisions et les rapportait le soir même à la *Pierre-Plate*, où l'attendaient, chaque fois, trois belles pièces d'or, prix de sa commission. En reconnaissance du service qui leur était ainsi rendu, les bonnes fées faisaient pleuvoir sur le pays toutes sortes de bénédictions.

Mais il arriva qu'un *failli gâs* de Curbon, jaloux du commissionnaire, ayant tué l'un des petits fadets qui étaient au service des fées, celles-ci se fâchèrent et leur reine, après avoir tenu conseil, décida que toutes abandonneraient le pays pour n'y plus revenir. Avant de s'éloigner, elle maudit la cité de Curbon et, du haut de la *Pierre-Plate*, fît d'un ton menaçant cette prophétie :

> Demési *Curbon*,
> P'tit' vill' de grand renom,
> Tu t'appell'ras *Curzon*,
> Curzon, Curzonnas,
> Chaque an tu mindras
> D'in' maille et d'in denier,
> Le sort en est jeté.

La malédiction produisit son effet et la prophétie se réalisa, car, depuis ce temps-là, Curzon a peu à peu perdu de son importance, au point de n'être plus aujourd'hui qu'une bourgade de cinquième ou sixième ordre.

(A suivre.)

Mémoire
Sur l'ancienne Configuration du Littoral Bas-Poitevin et sur ses habitants
(SUITE)

Les Pictes ou Pictons, anciens habitants du Poitou avant la conquête de César, dont parle à diverses fois ce grand capitaine dans ses *Commentaires*, et qui occupoient le pays jusqu'à la Loire, où ils avoient la seconde de leurs deux capitales, *Limonum* et *Pratiatum*, n'ont laissé, en fait de monuments, dans les parages des costes, que des assemblages de grandes pierres qui ont servi d'autels à leurs druides. Il y en a de deux sortes : les unes sont debout en terre ; les autres, mises à plat, sont supportées par plusieurs plus petites, et ont comme une chambre en dessous. La région où il y en a le plus est le Talmondais, surtout autour d'Avrillé ; mais il y en a d'autres à Bretignolles, à Commequiers, aux environs de Challans, vers Pornic et à l'Isle-d'Ieu. On voit encore, sur quelques-unes de ces pierres, la rigole par où couloit le sang des victimes, égorgées dans les sacrifices que les druides offroient à leurs idoles.

Les Romains, après avoir soumis le pays, y ont fait plusieurs établissements sur les costes. Les principaux étoient à Arthon et au Clion, dans le pays de Retz ; à Noirmoutier ; à la Salle de Saint-Gervais ; à Pont-Albert, à un quart de lieue de Challans ; à Saint-Jean-de-Monts, Olonne, Curzon, Saint-Denis-du-Payré et Chasnay. Il doit y en avoir eu d'autres au-delà de ce dernier bourg ;

mais je n'en peux parler autrement que par la commune renommée. On dit qu'il y a des antiquités romaines au Langon, dans l'isle de Ré et en plusieurs endroits des bords de la mer, en Aulnis.

M. Bonnichon, ingénieur commissionné du Roy, qui a l'honneur d'estre connu de vous, Monsieur, a vu avec moi ces antiquités. Etant venu, il y a tantôt deux ans, à l'isle d'Ieu, en vertu d'un ordre exprès de M. l'Intendant, il s'y rencontra au moment où des médailles romaines de Trajan, d'Adrien et autres empereurs furent trouvées, par un sieur Pinçon, aux Viels, sur la propriété de Mme Cadou, habitante de l'isle. Cela me procura l'occasion de faire sa connoissance. L'année suivante, les devoirs de sa commission l'appelèrent à Noirmoutier ; j'allai l'y rejoindre, et, l'espace de quinze jours, nous avons suivi l'ancienne coste, depuis Pornic jusques à Luçon, où je le quittai, lui retournant à Poitiers, moi, dans mon isle.

Pendant ce voyage, fait le bâton à la main, précédés d'un domestique à cheval qui portoit nos valises et nous annonçoit le soir à la cure où nous couchions, nous avons vu plusieurs objets d'antiquité dignes de remarque. A Noirmoutier, MM. Vrignaud, avocat, et Lebreton des Grapillières nous ont montré, le premier, une médaille d'or de Claude, empereur romain, et d'Agrippine, sa niéce ; le second, une idole de Diane, de neuf pouces de haut, trouvée au Vieil, ce qui a donné occasion à M. Bonnichon de remarquer que le Vieil de Noirmoutier et les Vieils de l'Isle d'Ieu ont été deux endroits habités par les Romains.

A Arthon, M. Alexandre, médecin de Nantes,

nous a fait voir une grande cuiller d'argent, percée d'une infinité de petits trous, avec le nom de *L. Cervicatus L. D.* tracé par coups répétés sur son manche plat.

A Soulans, M. Mourain a une lame d'épée en cuivre jaune, trouvée à Sallertaine, au fond d'un fossé, et une médaille de métal de Quietus, empereur d'Asie.

A Rié, M. Achard, officier garde-costes, possède une amphore de terre rouge, sans son goulot, qui est cassé.

A Saint-Gilles, M. François Boizard, commissaire aux classes à Croix-de-Vié, a des coins de cuivre, qui ont un anneau sur un costé. Ils ont été tirés, par un berger, d'un rocher du village de Sion, proche la coste. On en a trouvé d'autres sans anneau à Saint-Nicolas-de-Brem, où il y a un gros terrier rond, surmonté autrefois d'un chasteau, et où est, dit-on, caché un grand trésor, gardé par un chien levreau. Cela est de tradition dans le pays ; je l'ai souvent entendu dire par mon père, dont les ancêtres sont sortis de Saint-Martin-de-Brem, il y a plus de quatre cents ans. Ce dit-on nous a esté répété à Saint-Nicolas par M. Claude Archambaud, curé de la paroisse.

A Olonne, nous avons vu, chez M. le curé Parenteau, une sorte d'idole en pierre de Saint-Savinièn, de trois pieds quatre pouces de haut, qui est la représentation d'un homme barbu, en camisole courte, avec une calotte ou petit bonnet pointu sur la tête. Le bras droit est cassé et étoit levé vers l'estomac, tandis que la main gauche, qui pend sur la cuisse, paroît tenir deux petits dards fort courts ; mais l'usure du temps peut faire qu'on se trompe sur l'objet. Elle a été trouvée à la Salle d'Olonne, dans un mur où elle tenoit à la maçonne.

Aux Sables, M. Dupleix, lieutenant de l'amirauté, a chez lui un grand anneau d'or tordu, qu'un habitant de Curzon lui a apporté pour vendre. La façon en est grossière et la matière fait son prix. La plupart de ceux qui ont ces objets d'antiquité ne sçavoient pas ce que c'étoit. M. Bonnichon le leur a expliqué, ce dont j'ai tiré profit.

Au mois de janvier qui a suivi notre voyage, j'ai été appelé à Saint-Jean-de-Monts par une lettre de M. le curé Abram, pour voir un trésor que des puysatiers ont trouvé, à sept pieds de bas, dans de vieilles fondations, à Clairmont, proche du bourg. Il étoit dans un pot de terre, qu'on a brisé en le tirant du trou. Il y avoit dedans un anneau et six pièces d'or, avec deux cent dix-sept médailles, la plupart de métal, ou, pour mieux dire, de cuivre saucé d'argent. L'anneau pesoit un peu moins de deux louis. Son chaton, d'une pierre dure, est gravé d'une tête d'enfant qui rit. Les monnaies d'or étoient : une de Gallus, deux de Valérien, deux de Gallien, une de cet empereur Posthume qui a régné dans les Gaules. Elles sont toutes dans le livre de *Mediobarba*.

M. Mourain de la Chesselière a fait nettoyer à Nantes les pièces de métal, qui étoient collées ensemble par le vert-de-gris, et les a fait voir à un connaisseur. M. Simon, organiste de Saint-Jean-de-Monts, propriétaire du terrain, m'en a envoyé le compte ; elles sont d'Alexandre Sévère, Maximin de Thrace, Gardien le Pieux, Philippe le père et le fils, Gallus, Otacilla, Valérien, Salonina,

Gallien et Postume. J'ai acheté à M. Simon l'anneau, la médaille d'or de Postume, qui a un navire d'un costé, et une médaille d'argent de chaque empereur et impératrice, la mieux conservée du trésor.

(A suivre)

Deux aliments bien précieux.

Pour les *estomacs délicats*, les *tempéraments constipés*, le délicieux CHOCOLAT AU MIEL de l'abbé NAVARRE est un aliment merveilleux; rafraîchissant, toujours sain, nutritif et de digestion facile, — 2 k. 500 net franco, **10** fr.

Pour les *personnes affaiblies et surmenées, les enfants, convalescents, vieillards, malades de l'estomac* ou de *l'intestin*, le CAO-BANANE est l'aliment *idéal*. — Boîte de 250 grammes franco, **2** fr., contre mandat adressé à l'abbé NAVARRE, Boigneville (Seine-et-Oise).

Le Culte de saint Eutrope
Premier évêque de Saintes et Martyr en Vendée
(SUITE)

L'acte de fondation, dont on possède une copie antérieure à la Révolution, consiste en un testament de prêtre dont voici les principaux passages :

« Au nom du père et du Fils et du Saint-Esprit amen, Je Jehan Lorent prêtre malade de mon corps Sein En pensées et En Bon mémoire par La Grâce de Notre Seigneur Jésus-Christ, pensant et Considérant que nule Chose n'est plus Certaine que La mort et nule Chose plus Incertaine de Lheure djcelle, c'est affin que Je ne sois occupé de Lheure djcelle, voulant pourvoir Et penser au salut de mon âme ce faits, et ordonne, et devise mon decret dernier, mon dernier testament ou dernière volonté de mes Biens et Chose par la manière qui en suit...

« Jtem, jay testateur fonde et dotte une chapellanie de deux messes La semaines... (1) a Lhonneur De saint utrope fait rédiffler par moy Ledit testateur en Laditte Eglise de Challans à Lasservation dotation de Laquelle chapelannie et au chapelain a present et à jnstitues en jcelle chapellannie et Es autres chapelains Emprès Luy Je Baille situé et assis Les chouses qui Ensuivent ; cest ascavoir trente sols en deniers monoye et tournoye de Rente que me Doivent par Chacun an et En Chacune feste de saint michel Les heritiers feu Etienne Guilloteau et gratienne micheneau Sa Femme ; jtem trente sols de Rente En deniers monoye et tournoye que me doit par Chacun an et Chacune feste de Saint michel mathurin Dolbeau demeurant à La Brunière (2); jtem trois sols six deniers de Rente monoye tournoye que me doit par Chacun an en Chacune feste de Saint Michel Colas Benesteau De la Brunière ; jtem dix-huit sols En deniers monnoye tournois De Rente que me Doit par Chacun an en Chacune feste de Saint michel Jehan Seigneret ; jtem Dix sols En deniers monoye tournois de rente que me Doit par Chacun an En Chacune feste de susditte, michau ardouin Guynhaudra ; jtem Quatre journaux de prés ou Environ

---

(1) Cet espace blanc existe dans le document.
(2) La Brunière, commune de Challans.

assis auprès du porteau (1) ô leurs apartenances De
Bois terre Et autres apartenances assis En Leflef
de la Verrie (2) ; jtem une pièce de terre De Bois assis
au flef de Lagostière (3) contenant un journaux de
terre ou Environ ; tenant ₁D'une part Le Bois de
Jehan Blays, et d'autre Lepré Billon du Cham-
borg (4) en deux pièces de Bois... (5) Enflef De
Leglize appelé Le Bois sur Florence Billon, Et
Catherine Billon, tenant D'une part Le pré Jehan
Bloys Et d'autre Le pré Dudit Billon, Et L'autre
Desdittes pièces De Bois Est tenant D'une part Le
Bois Es héritiers feu Bodut Le Suire, Et d'autre
La terre qui fut denis hucheloup que tient à présent Jehan Seigneuret jtem Cinq Boisseaux Et
demy De seigle De Rente mezure de Challans que
me doivent Les personnes cy-dessus Et nommés
par Chacun an et à Chacune feste de notre Dame
de septembre (6) qui que ce soit une fois En L'an,
c'est à sçavoir Brevenne Rousse la femme martin
thomas deux Boisseaux ;

Jtem Les héritiers feu Jehan Martin de la Voirie
Etienne Martin son frère Et Jeanne Raoult a présent femme Guillaume Coquart trois Boisseaux
Lesqueux trois Boisseaux Ils me doivent Et sont
tenu Rendre poyer En La ville de Challans a Laditte feste ;

Jtem Les héritiers feu prot Bernard de La Juisière

---

(1) Le Porteau, commune de Challans.
(2) La Verie, commune de Challans.
(3) La Grossetière, commune de Challans,
(4) Le Chambourg, commune de Challans.
(5) Cet espace blanc existe dans la copie.
(6) Le 8 septembre; fête de la Nativité de Notre-Dame.

Demy Boisseaux de Seigle porté En Laditte ville
Et a Laditte feste ;
Jtem trois charues de terre assis En fief de Monsr
de Commequiers En La minée, scavoir Est deux
charues En La Grablière (1) tenant d'une part aux
terres de missire Renaud Bloys prêtre Et Dautres
Les terres feu André Le Rebaud Et Lautre Charue
de terre Est franche Laquelle fut autrefois fran-
çois Barillon, tenant d'une part Le Chemin par
lequel Lon va a La Bonne fontaire Dudit Lieu de
Challans... (2) De prieur de Challans (3)
Jtem, une charue de terre franche assis En La
Morine En Le fief de L'église ;
Jtem, un Boisseaux de Seigle mezure dudit Lieu de
Challans que me doivent chacun an de Rente a
Chacune feste de dessus dit Les Rolends de la ta-
raudière ;
Jtem, Deux Journaux de prés que tient prot Guillaume Barber assis au fief de Commequiers se
tenant d'un chef (4) au Chemin de la Cailleterie Et
Dautres Es terres Jehan Bloys Laisné Et d'un
costé a La nouhe qui fut prot sauveté Bouet, Dau-
tres au Bois Et Nouhe Es héritiers Guillaume Bo-
din Boucher ;

---

(1) On lit en marge : « les dablières ».

(2) Cet espace blanc existe dans la copie.

(3) M. l'abbé Louis Teillet, dans son édition du Cartulaire de
Challans (v. p. 8), comble ainsi cette lacune : «... dudit lieu de
Challans, d'autre part à la terre du prieur de Challans ». Ce
qui paraît normal.

(4) D'un bout, « chef » se prend anciennement dans le sens de
"commencement". A Commequiers, l'entrée du bourg, côté de la
Gare, s'appelle « chef de bourg, » — commencement du bourg ;
bout du bourg. A la Rochelle, il y a le « chef de ville ».

Jtem une nouhe En fief de Commequiers, se tenant d'un chef à La terre feu vincent Guilmet, Et dautres Les Bregeons des forges Laisné ; Lesquelles Chouses j'ay Ledit testateur, Baillé, situé et assigné à Laditte Chapellannie par toute dotation situation et assignation djcelle ;

Jtem, je Laisse à mon cousin martin Lorent, tant pour Luy que pour ses héritiers mâle procrée de sa chair de mariage Le patronage Et présentation de Laditte Chapelannie, Et au cas que Ledit Martin Jroit de vie a trépas, Et ses fils masle sans héritiers males procrée de Leur Chair de Mariage veux et ordonne que Le Patronage Et présentation djcelle chapellanie soit Et à partienne a jamais Es prieur Et fabriqueurs de Leglise de Challans, Lesqueux pouront présenter En Laditte Chapellannie telle chapellain comme a Eux plaira sans ce qu'ils soient tenu de y apeller Les paroissiens de la ditte fabrice ne aucuns d'jceux a Laquelle Chapellannie Je présente Le jour de mon obiit missire mathurin Suiras prêtre (1), prie et Suplie à Reverend père en Dieu Monseigneur Lesvesque de Luçon (2) qu'il Luy plaise Confirmer La ditte Chapellannie Et En jcelle Instituer Ledit missire Mathurin ; ... »

Tel est l'acte de fondation de la Chapellenie de

---

(1) Ne serait-ce pas une erreur du copiste et ne vaudrait-il pas mieux lire : « Mathurin Peyret », prêtre que Jehan Lorent affectionnait, puisque dans un autre passage de son testament il lui lègue son " petit breviaire " : ce qui était pour l'époque un cadeau appréciable.

(2) En 1413, l'évêque de Luçon était Germain Paillard qui gouverna le diocèse de 1405 à 1418, date de sa mort. Il avait assisté au Concile de Pise en 1409.

Saint-Eutrope en l'ancienne église de Challans. Il est daté du 11 août 1413.

Comment Jehan Lorent avait-il été amené à fonder ce bénéfice et à le fonder aussi richement en l'honneur de saint Eutrope ? Je pense que le culte de saint Eutrope fut introduit en Vendée, à Nantes, etc., surtout par les pèlerins de saint Jacques de Compostelle. Saintes était sur l'une des quatre grandes voies françaises conduisant à Compostelle, sur le chemin de Paris, lequel traversait Orléans, Tours (tombeau de saint Martin), Poitiers (tombeau de saint Hilaire et de sainte Radégonde) Saintes, Blaye et Bordeaux. La renommée de saint Eutrope était telle que les pèlerins abandonnaient la voie plus directe de Poitiers à Bordeaux par Angoulême, afin de vénérer la tombe du premier évêque de Saintes.

Jehan Lorent était un prêtre riche — on en peut juger par son testament. — Peut-être avait-il fait ce pèlerinage de Compostelle et de Saintes dont la vogue fut considérable au Moyen-age (1) ?

En 1449, Thomas Grenon, clerc, fit par testament d'importantes donations en faveur de la chapellenie de Saint-Eutrope, a charge par le chapelain de celebrer ou faire celebrer à l'autel Saint-Eutrope en l'église de Challans, une messe par semaine (2)

Le 13 octobre 1505, messire Nicolas Boessin, prêtre, par testament augmentait les revenus de

---

(1) V. Emile GINOT. *Les Chemins de Saint-Jacques en Poitou.* Poitiers 1912, p. 29.

(2) Abbé Louis TEILLET. *Cartulaire de Notre-Dame de Challans.* Vannes 1895, p. 64.

cette chapellenie pour obtenir des prières du chapelain (1).

Ce Nicolas Boessin « fut fermier de la dite chapellanie » (2). De son temps le chapelain était Laurent Penard, prêtre. Le 25 janvier 1513, Julien Peret, fut « institué en la dite chapellanie ».

Julien Peret fit un relevé des charges et revenus de son benefice le 8 octobre 1526. Ce document nous apprend qu'à cette époque le chapelain etait tenu à 3 messes par semaine et a des prieres. Les revenues etaient assez considérables. Les donations de Jehan Lorent rapportaient chaque année : 136 sols et 6 deniers, plus 17 boisseaux ; les fondations de Thomas Grenon donnaient 11 livres et 15 sols et un demi jalon de beurre. De Nicolas Boessin venaient encore 21 sols.

Le total des revenus en 1526 était donc de 19 livres, 12 sols, 6 deniers ; de 17 boisseaux et d'un demi-jalon de beurre (3).

En 1524, le jeudi 29 décembre, Jean Latonii, carme, evêque *in partibus infidelium* d'Hebron, auxiliaire de l'evêque de Poitiers, consacra en l'eglise de Challans, l'autel de Saint-Eutrope, avec la permission de Louis de Bourbon, cardinal-prê-

---

(1) Id. ; Loc. cit., p. 65.

(2) Id. ; Loc. cit., p. 66. Pendant soixante-et-onze ans : « de L'an mil quatre cent trente-quatre jusqu'à L'an mil cinq cent cinq », Julien Peret fut fermier de 1505 à 1513, date de son installation comme chapelain.

(3) Laurent Penard, chapelain de Saint-Eutrope, par acte du 1er avril 1513, avait « arrenté » des immeubles legués par Nicolas Voisin, prêtre, à la chapellenie (abbé L. Teillet, loc. cit. p. 67). Comme cet acte est du 1er avril 1513, il y aurait lieu

tre du titre de Sainte-Sabine, evêque de Luçon. Je crois que cet autel était placé dans le croisillon nord, le long du mur nord (1).

Le cartulaire de Notre-Dame de Challans renferme d'autres pieces concernant les revenus de la chapellenie de Saint-Eutrope, mais elles n'offrent qu'un interet secondaire ; ce qui nous dispense de les analyser ici (2).

En 1550, le chapelain était Jacques Baudet, prêtre, demeurant à Logerie, paroisse de Challans. Ce prêtre était vicaire à Challans en 1564 (3).

En 1603, Vincent Regnaudineau, curé de Challans, avait ce bénéfice (4).

Par testament du 6 mars 1616, Jean Voisin, du -bourg de Challans, donne « à l'église et à la cure dudit lieu, moitié par moitié, un journal et demi de prez, situé au marais du pays-bas (5) appelé la Courtine, à la charge de faire dire par chacun an, à l'hotel de Saint-Eutrope, en l'église de Challans, une messe de *Requiem* et y aura diacre et sous-diacre avec un *libera* » sur sa fosse (6).

En 1627, Germain Regnaudineau signe « chapellain de Saint-Eutrope ». Il était curé de Challans.

Le Pouillé d'Alliot (année 1648) fait mention de

---

de se demander s'il n'y a pas eu erreur de transcription, attendu qu'à cette date Julien Peret était chapelain depuis le mois de janvier.

(1) V. L'Ancienne Eglise de Notre-Dame de Challans, 2° Partie, Plans, Paris 1913.

(2) V. Cartulaire de l'abbé Teillet.

(3) Id.

(4) Id.

(5) Paroisse du Perrier.

(6) Cartul., p. 98.

la chapelle de Saint-Eutrope et ajoute que l'evêque en nomme le chapelain. Dès l'année 1513, la
nomination du chapelain etait faite par la Fabrique de l'église de Challans, à defaut de la famille
de Jean Lorent, conformément au testament de ce
dernier. Dans quelles conditions et à quelle date,
l'evêque de Luçon — duquel relevait l'eglise de
Challans — s'etait-il réservé la nomination du
chapelain ? c'est ce que mes recherches ne m'ont
pas encore permis de savoir.

Dans les manuscrits de Dom Fonteneau (xviii^e
siècle) on voit que le revenu etait alors de 40 livres
et que les charges etaient de 2 messes (au lieu de
3 en 1526).

Le 17 septembre 1777, Mgr de Mercy, eveque de
Luçon, faisant la visite Pastorale arriva à Challans
et proceda à un examen minutieux de l'eglise. A
lire le procès-verbal de cette visite, on peut croire
qu'il n'y avait plus d'autel en l'honneur de saint
Eutrope. Mgr de Mercy cite « la chapelle de Saint-
Eutrope reunie à la Fabrique, chargée de deux
messes par semaine. » Ici le mot *chapelle* doit être
pris dans le sens de *benefice ecclesiastique*. On
peut supposer que l'autel Saint-Eutrope fut détruit
pendant les guerres de Religion (1568) et ne fut
pas relevé dans l'église de Challans.

La Révolution fit disparaître les derniers vestiges de cette devotion. Au xixe siècle, rien dans
l'ancienne église ne rappelait ce culte jadis floris-
sant.

Dans la nouvelle église benite le 29 août 1897, il
eut été facile de representer saint Eutrope dans
l'un des nombreux vitraux du chœur et du tran-

sept. On lui a préféré des saints qui n'avaient aucun rapport ni avec la paroisse ni avec la Vendée.

(A suivre.) Ch. GRELIER.

Cathelineau

Chapitre II

Affaire de Vihiers. — *Marie-Jeanne.* — Prise de Chalonnes.
— Repos pour les Pâques. — Mort de Joseph Cathelineau.
— Nouveau rassemblement après Pâques. — Combat de
Saint-Pierre-de-Chemillé. — Retraite sur Tiffauges. — Victoire de Vezins. — Prise du château de Boisgrolleau. —
Victoire de Beaupréau. — Bataille et prise de Thouars.

La prise de Cholet était un grand événement. Les campagnes voisines arborèrent le drapeau blanc et se levèrent en masse, tandis que les autorités patriotes envoyaient de Saumur, en toute hâte, la garde nationale et toutes les forces disponibles, pour combattre les insurgés.

Le 16 mars, Cathelineau marcha, par la grande route, à la rencontre de ces nouveaux ennemis, emmenant prisonniers avec lui les révolutionnaires les plus coupables. On trouva les Bleus en avant de Vihiers. Stofflet et les frères de Cathelineau se portèrent à droite et à gauche, pour inquiéter les Bleus sur leurs flancs. Cathelineau lui-même se réserva l'attaque du Centre. Après une seule décharge, l'artillerie ennemie fut enlevée, et les Bleus, en pleine déroute, s'enfuirent vers Saumur.

Parmi les pièces de canon prises en cette rencontre, il y en avait une qui acquit, depuis, une grande célébrité : celle que l'on appela *Marie-Jeanne*. C'était une belle pièce de douze, d'un travail remarquable, ornée d'inscriptions à la gloire de Louis XIII et du cardinal Richelieu. Les Bleus étaient allés la chercher au château de Richelieu pour l'employer contre les insurgés. Les Vendéens attachèrent à *Marie-Jeanne* des idées merveilleuses ; ils voyaient en elle un gage de victoire, et souvent ils se plaisaient, hors du combat, à la parer de rubans et de fleurs, comme une jolie fiancée.

MM. de Bonchamps et d'Elbée, qui venaient aussi d'être choisis pour chefs, s'étaient joints à Cathelineau et Stofflet. Le 19 mars, les royalistes se portèrent sur Chalonnes, occupé par 3.000 gardes nationaux d'Angers et des environs. Les républicains, sommés de se rendre, déclarèrent qu'ils se défendraient jusqu'à la dernière goutte de leur sang. Mais pendant la nuit Cathelineau fit allumer des feux sur plusieurs points : il ordonna souvent de pousser de grands cris de *Vive le Roi !* L'épouvante s'empara des patriotes, qui s'enfuirent, et, le matin, les habitants restés dans Chalonnes n'eurent plus qu'à recevoir les royalistes. Mont-Jean, Saint-Florent, le Mesnil furent également évacués par les républicains, qui se réfugièrent de l'autre côté de la Loire.

La fête de Pâques approchait : elle tombait, cette année-là, le 31 mars. Les paysans avaient grand désir de s'acquitter de leurs dévotions, chacun dans l'église de sa paroisse et auprès de son curé, ce qu'ils n'avaient pu faire les deux dernières années : cette grande joie du chrétien, ils venaient de la gagner par leurs victoires. Presque tous s'en retournèrent chez eux. Cathelineau leur recommanda de se réunir de nouveau après les Pâques, leur donnant rendez-vous à Cholet où il envoya ses frères Pierre et Jean. Lui-même s'était dirigé vers Saint-Florent avec son plus jeune frère, mais, en route, Joseph étant retourné seul à Chalonnes pour faire une reconnaissance, plusieurs républicains, qui s'étaient tenus cachés, vinrent l'assaillir. Joseph se défendit vaillamment : accablé sous le nombre, il tomba couvert de blessures ; il fut conduit à Angers et monta, dix jours après, sur l'échafaud, d'après le sanguinaire décret qui mettait hors la loi tous les insurgés, et même toute personne coupable d'avoir seulement porté la cocarde blanche. Joseph Cathelineau fut la première victime morte pour Dieu et le roi dans une famille qui compte tant de martyrs de cette sainte cause.

Bonchamps et d'Elbée s'étaient rendus à Saint-Florent, où se trouva aussi Stofflet. Cathelineau s'entendit avec eux pour opérer désormais de concert.

Il n'était resté autour des chefs qu'une faible troupe, composée principalement de Bretons et d'Angevins de la rive droite, organisés par Bonchamps en compagnies régulières et permanentes. Le 29 mars, jour du Vendredi-Saint, ils furent attaqués à Saint-Lambert-du-Lattay et soutinrent un glorieux combat, où se distinguèrent les hommes de la paroisse du May, accourus en toute hâte. Néanmoins, vu l'infériorité du nombre, il fallut se replier sur Chemillé. Bruno, qui commandait l'artillerie des insurgés, s'était laissé corrompre par les Bleus. Sa trahison fut soupçonnée : on l'épia ; on le surprit, pendant la nuit, mettant de la terre et du sable dans les pièces. Il fut condamné à mort et fusillé. L'or, prix de son crime, fut jeté dans la rivière du Layon.

Les Pâques terminées, il se fit un nouveau rassemblement. Bonchamps se chargea de défendre les bords de la Loire, Cathelineau couvrit Chemillé, Stofflet et d'Elbée occupèrent Coron pour fermer aux Bleus la route de Cholet. Cathelineau avait l'esprit ingénieux et inventif. D'après son conseil, pour mieux tenir les Bleus en respect, on établit, en avant du bourg de Coron, sur la grande route, une espèce de retranchement, et derrière on fit un simulacre de batterie composé de rondins de bois, reposant sur des roues de charrettes jointes par l'essieu. De loin, on croyait apercevoir une artillerie formidable. L'ennemi, d'abord, fut dupe de cette ruse, et il n'osa s'avancer, jusqu'à ce qu'il eût poussé des reconnaissances assez près pour découvrir le stratagème.

Th. Muret.

(A suivre.)

Le Gérant : M. BIDEAUX.

Luçon — Imp. M. Bideaux

Petite Bibliothèque de la Vendée Historique

Respect à Cathelineau ! — 50 c.

Les Intrus de la Vendée militaire. — *Coquille*, intrus de Beaupréau. — 30 c.

Marie-Jeanne. — 50 c.

Questions controversées de la Vendée militaire : l'entrée en campagne de Henri de la Rochejaquelein. — 25 c.

Un détracteur de Mme de la Rochejaquelein. — 50 c.

André Ripoche. — 30 c.

La Vendée d'autrefois, tomes I et II, 1 fr. 25 le volume.

Paineau *dit* La Ruine. — 25 c.

« Zig-Zags » au Pays des « Géants », 1re, 2e, 3e et 4e séries. — 1 fr. 25 chacune.

Etymologies vendéennes, 1re, 2e et 3e séries. — 50 c. chacune.

Chansons et croquis de la Grand'Guerre. — 1 fr.

« Histoires » de la « Grande-Guerre ». — 2 fr.

Chroniques Luçonnaises. — 2 fr. 25.

Marigny, tome 1er. — 1 fr. 25.

Les Mille et Une Nuits Vendéennes (*légendes du Bas-Poitou*). — 1 fr. 75.

Statues et Statuettes de la Vendée militaire, 1re et 2e séries. — 1 fr. chacune.

Le Calendrier-Martyrologe de la Vendée militaire, tome I, — 1 fr. 25.

L'abbé Barbotin, premier aumônier de la Grande Armée vendéenne. — 1 fr. 75.

Curiosités Historiques et Archéologiques du Bas-Poitou. 1re et 2e séries. — 1 fr. 75 chacune.

Expédition de chaque volume par retour du courrier, contre envoi du prix en timbres-poste ou en mandat à l'adresse du Directeur de la Vendée Historique, aux Moutiers-les-Mauxfaits.

Nouvelle Série (6ᵉ année) Nᵒˢ 7-12 Juil.-Déc. 1914

LA VENDÉE HISTORIQUE
et TRADITIONNISTE

Au Revoir !

En fondant la *Vendée Historique*, il y a dix-huit ans, j'obéissais à un sentiment de piété — et aussi d'orgueil filial. Ce que je voulais entreprendre, c'était une sorte de réclame patriotique et permanente, destinée à réveiller, à faire goûter, à populariser les souvenirs qui se rattachent à ce glorieux nom de *Vendée*. Recueillir çà et là, puis servir périodiquement au public la série inépuisable des documents, traditions, légendes, menus faits inédits ou oubliés, capables d'éclairer — jusque dans les plus petits recoins — aussi bien l'histoire proprement dite que les mœurs, la physionomie générale, l'âme et les multiples originalités du peuple vendéen : tel était le but — hautement proclamé — de la Revue dont le premier fascicule, daté du 1ᵉʳ janvier 1897, parut le 25 décembre 1896.

Grâce aux sympathies qu'elle provoqua dès le début et qui, depuis, ne lui ont jamais fait défaut, cette tentative de pieuse réclame en faveur des trésors historiques et traditionnistes de notre chère petite patrie a réussi au-delà de mes espérances ; et tout en reconnaissant le mérite d'autres publications périodiques et leur large part — leur plus large part, si l'on veut — dans les tableaux d'une chasse parallèle ne devant provoquer qu'une bonne confraternité d'émulation, je crois pouvoir dire que la *Vendée Historique et Traditionniste* a ainsi fourni au jour le jour, pendant près de quatre lustres, son contingent appréciable de trouvailles, de documents authentiques, de traditions, de « petites histoires » et de mines nouvelles — sinon tout à fait exploitées du moins ouvertes — où les futurs piocheurs de l'érudition, guidés par les jalons et les points de repère, pourront installer facilement quelques bons chantiers.

Mais, tout en poursuivant cette entreprise de réclame vendéenne à petites journées ; tout en faisant profiter périodiquement le public de chroniques ou chroniquettes servies au jour le jour et à la volée ; tout en marchant pas à pas vers ce but — hautement proclamé, je le répète — qui semblait ne point dépasser le cadre d'une simple collection d'amateur, j'en visais secrètement un autre et je m'étais bien promis d'utiliser, tôt ou tard, les matériaux ainsi amenés à pied-d'œuvre, pour la construction de deux monuments depuis longtemps rêvés : une *Histoire de la Vendée militaire* et un *Musée Traditionniste de la Vendée*.

En réalité la Revue périodique, je dois l'avouer aujourd'hui, n'était même à mes yeux qu'un moyen plutôt qu'un véritable but, un simple travail d'approche auquel, tout d'abord, je ne comptais me livrer que pendant quelques années, sept ou huit tout au plus. Ce n'est qu'entraîné par les sympathies croissantes du public et par la passion de l'amasseur jamais satisfait, que je remettais successivement à plus tard la tâche du constructeur en me disant toujours : « J'ai bien le temps ! »

Si je n'avais seulement que cinquante ans et si, au lieu d'attendre la quarantaine comme je l'ai fait, j'eusse mis plus tôt à profit la retraite à laquelle je suis condamné depuis l'infirmité qui brisa ma carrière d'avocat, je crois que j'aurais volontiers prolongé un peu ce rôle de minutieux analyste qui a bien ses charmes, et retardé encore la double synthèse dont il n'était que la préparation. Mais, hélas ! voilà près de vingt ans que dure l'œuvre préparatoire, et voici que je vais bientôt sentir le poids de six dizaines d'années sur les épaules : il ne s'en faut plus que de dix-huit mois ! Il est donc urgent que le manœuvre fasse place au maçon (je n'ose dire à l'architecte), pour que l'édifice en vue ait quelque chance d'être achevé...

J'étais pourtant décidé, malgré tout, à pousser jusqu'à l'expiration de ces dix-huit mois qui me séparent de la soixantaine et qui eussent assuré à la *Vendée Historique et Traditionniste* juste vingt années d'existence ; mais la terrible guerre européenne qui a brusquement éclaté, et qui est venue interrompre la vie de la Revue, m'oblige à en finir un peu brusquement moi-même avec une campagne de préparation déjà beaucoup plus longue, d'ailleurs, que je ne me l'étais tout d'abord proposé. Combien de temps durera la tourmente de 1914 et quand pourrais-je être assuré de reprendre régulièrement, en paix et à tête reposée, la publication interrompue ? Personne ne saurait le dire ! Aussi ai-je estimé que l'heure était venue de prendre momentanément congé du public.

Momentanément, ai-je dit, car ce n'est point un *adieu !* définitif, mais un simple *au revoir !* que j'adresse aux lecteurs qui me sont demeurés si longtemps fidèles. Les deux ouvrages (l'*Histoire de la Vendée militaire* et le *Musée Traditionniste de la Vendée*) préparés depuis déjà dix-huit ans dans ces colonnes, et dont le double plan est minutieusement arrêté, paraîtront avant peu l'un et l'autre, je l'espère, sous forme de fascicules séparés qui seront périodiquement mis à la disposition des abonnés de la *Vendée Historique et Traditionniste.*

A bientôt donc, chers lecteurs ! Et, en attendant, recevez pour **1915** les meilleurs souhaits du vieux Vendéen qui est toujours, hélas ! sous le coup des douloureuses surprises de **1914**, mais qui, Dieu aidant et après le juste châtiment des Barbares, compte bien refrapper à la porte de chacun de vous pour lui apporter ses étrennes de **1916**.

Henri Bourgeois.

Mémoire

Sur l'ancienne Configuration du Littoral Bas-Poitevin et sur ses habitants
(suite)

Les descendants des premiers habitants du littoral ont hérité de leurs ancêtres de quelque chose de propre, qui les fait reconnaître des autres habitants de la province, principalement dans les isles sableuses de Monts, où, par suite des guerres, ils se sont retirés pour fuir la domination de leurs ennemis ; ce qui fait qu'ils ont davantage le caractère originel. Leur figure, leur langage et leurs mœurs les distinguent du reste des Poitevins, avec qui ils n'aiment pas à s'allier par mariage. Ils sont fidèles à la parole donnée, attachés à la religion, soumis aux supérieurs, mais prompts à la colère et enclins à la concupiscence. La haine entre les familles y est héréditaire.

La région, dont *Ratiatum* était, à l'origine, la capitale, a pris le nom de comté d'Herbauges, sous la première race de nos rois. Elle le garda jusqu'à ceux de la troisième. Le duc breton Erispoë a fait, en 851, la conquête de sa partie du nord pour la réunir au comté nantais, dont elle ne s'est plus séparée. Une marche commune au Poitou et à la Bretagne fut alors établie entre eux deux. La résidence du comte d'Herbauges, appelée Herbadille, était sans doute une forteresse, qui a disparu depuis dans un lac, comme l'histoire le raconte. Il y en a pourtant qui disent que Machecoul et Herbadille sont une seule et mesme ville, Herbadille ayant changé de nom plus tard. Telle est l'opinion de M. Alexandre, de Nantes, qui l'a fait partager à d'autres personnes instruites.

L'isle d'Ieu, nommée *Oia* dans les anciennes histoires et chartes, a dépendu autrefois du pays de Rets, ensuite du comté d'Herbauges. Ses habitants ont donc été, à l'origine, de la mesme famille que ceux de ce pays ; mais le sang y a été meslé à celui des pirates venus du nord et à celui des Bretons, qui ont laissé dans l'isle des témoins de leur séjour, et y ont longtemps fait trafic au port qui porte leur nom.

Les druides gaulois y avoient des autels faits de grosses pierres naturelles, dont le plus entier est la Roche aux petits fadets, assise sur un tertre auprès du bord de la mer. La table de dessus a environ quatorze pieds et demi de long sur sept pieds et demi de large ; neuf pierres debout la soutenoient, mais une partie a été cassée par la foudre et couchée d'un costé parterre. Un cerne d'autres pierres, à demi cachées dans le sol, l'environne. On nomme aussi la Roche aux fadets la petite maison de la Gournaize. Elle étoit autrefois sur la lisière d'une forêt qui s'étendoit sur presque toute l'isle. Il y avoit, dit-on, d'autres autels de mesme origine qui ne sont plus en place, sçavoir: premièrement, la pierre levée, qui étoit en face du Château-Gaillard, au-dessus du port ; secondement, la pierre Saint-Martin, sur laquelle on dit que ce serviteur de Dieu est monté pour prêcher l'Evangile aux habitants d'*Oia* lorsqu'il y est venu avec saint Hilaire pour les convertir ; une chapelle, qui étoit sous son vocable, étoit autrefois à costé ; troisièmement, l'Aiguille du Chiron-Ragon, débitée, il y a une quarantaine d'années, pour faire les marches de la porte de l'église de Saint-Sauveur. La tradition raconte que toutes ces pierres ont été mises debout par les nains bretons, qui ont apporté à l'Isle d'Ieu l'espèce de petits chevaux qui s'y voit.

Au Sud-Est, l'isle s'allonge en une pointe qu'on nomme des Corbeaux. Cet endroit passe pour être le rendez-vous des sorciers du pays. Les anciens disent qu'on y voit, certains jours de l'année, deux corbeaux blancs. S'ils se dirigent, en s'envolant, vers le sud, c'est signe que la mer sera belle ; si, au contraire, ils montent vers le Nord, il y aura tempéte.

On a vu, par les médailles trouvées aux Vieils, que les Romains avoient occupé l'Isle d'Ieu, qu'ils avoient fortifiée en trois endroits : le *Chastelier*, assis vis-à-vis la tour bâtie, il y a six cents ans, par les seigneurs du lieu ; le *Camp*, placé sur un rocher, détaché présentement de la coste en islot, au nord-est de celui des Chiens-Poirins ; le *Château-Gaillard*. Dans le *Camp*, il y avoit, raconte-t-on, un trésor que les habitants de l'isle n'osoient se risquer à enlever, crainte du mauvais sort ; mais des Bretons, qui prendroient le diable par les cornes en vue d'un gain, ont tenté l'aventure et ont été engloutis dans les flots, dès que leur navire a pris la mer avec le trésor.

Il est resté dans le souvenir du peuple de l'Isle d'Ieu que saint Hilaire et saint Martin ont prêché l'Evangile à ses ancêtres. La pierre qui a été dénommée en commémoration du dernier, en est, dit-il, un témoin ; mais il n'y a d'autre preuve qu'une tradition respectable. M. l'Evesque de Luçon, consulté par moi, lors de sa première visite dans l'isle, sur le fond qu'on en devoit faire, répondit que cela ne tiroit à conséquence, et qu'il ne falloit détourner le peuple d'une dévotion fondée, tout au moins, sur une présomption ; à quoi je me suis conformé.

M. Alexandre prétend, d'une autre part, qu'il ne sçauroit être ici question de saint Martin de Tours, mais d'un autre bienheureux, disciple de saint Félix, évesque de Nantes, qui a fondé le monas-

tère de Vertou, à deux lieues en deçà de la Loire.
Si on l'en croyoit, le saint personnage seroit venu
jusques en Olonne, où une église étoit sous son
vocable. Je n'entends point décider qui a tort ou
non, crainte de préjudicier à plus puissant que
moi. Jusques à meilleur informé, je tiens par prudence pour saint Martin de Tours, le plus haut
placé des deux dans les degrés de la renommée.

JOUSSEMET.

Ce que tout le monde ne sait pas

C'est que le *Miel*, grâce aux merveilleuses propriétés des
fleurs sur lesquelles il est butiné, est un admirable producteur
d'énergie, qui rend le sommeil, donne la santé et préserve
d'un grand nombre de maladies. Pour vivre longtemps, il faut
manger beaucoup de miel. Celui du Gâtinais est le meilleur et
le plus efficace. Pour l'avoir *très pur*, écrivez de notre part à
l'abbé Navarre, Boigneville (S.-et-O.), dont la récolte a obtenu
tous les premiers prix (hors concours et membre du Jury).

1 kilo, franco, 3 fr.; 3 k., 7 fr.; 5 k, 11 fr.; 10 k, 21 fr.
(contre mandat).

Cathelineau

(Suite et fin)

Les républicains avaient rassemblé des forces
considérables, pour exécuter un vaste plan d'in-
vasion contre le territoire insurgé. Le 11 avril,
Berruyer, leur général en chef, fit attaquer sur
tous les points. Cathelineau, à Saint-Pierre-de-
Chemillé, s'était battu depuis le matin; vers le

soir, les munitions manquèrent. Alors, Catheli-
nèau ordonna de courir droit à l'ennemi qui plia
sous le choc. Un jeune homme du Pin-en-Mauges,
nommé Guimbretiére, armé d'une serpe attachée
au bout d'un bâton, tua, à lui seul, trois républicains. Mais la nuit empêcha de poursuivre les
Bleus. Cathelineau, en vrai général, ne négligea
rien pour garantir son monde d'une surprise noc-
turne, et veilla lui-même à toutes les précautions
nécessaires.

Bonchamps, d'Elbée, Stofflet, attaqués le même
jour et manquant aussi tout à fait de munitions,
avaient dû se replier. Cathelineau fut obligé de suivre leur mouvement et de se retirer comme eux,
d'abord sur Beaupréau, puis sur Tiffauges, derrière
la Sèvre. Grand nombre de femmes et autres gens
sans défense suivirent dans leur retraite les divisions angevines, pour se mettre à couvert des
vengeances des Bleus.

L'armée d'Anjou se trouvait, à Tiffauges, dans
une situation très critique, n'ayant pas un coup de
fusil à tirer, près d'être accablée par des forces
puissantes. Bien à propos lui vint en aide M. Henri
de la Rochejaquelein. Le Bocage du Haut-Poitou
s'était levé, de même que le Bas-Poitou et le Marais, et M. Henri avait remporté aux Aubiers une
victoire signalée : les munitions qu'il avait con-
quises, il les apportait à l'armée d'Anjou.

Tout aussitôt, avec ce renfort, on marcha en
avant pour chasser de nouveau les républicains.
Il furent surpris, le 16 avril à Cholet : deux compagnies de grenadiers de Saumur et Montreuil-
Bellay n'eurent que le temps de se jeter dans le
château de Boisgrolleau, où on les bloqua. Le 19,

l'armée royale vint tomber sur le général Leygon-
nier, posté à Vezins. L'ennemi, attaqué avec fureur
en tête, en flanc, de tous côtés, fut complètement
défait : on le poursuivit jusqu'à Vihiers, on lui fit
600 prisonniers, on lui prit son artillerie et ses
caissons de munitions, bien précieux pour les Vendéens.

De là on revint vers le château de Boisgrolleau,
où les Bleus faisaient bonne contenance, espérant
recevoir du secours. Pour hâter leur reddition,
Cathelineau imagina de prendre dix charrettes,
qu'il fit remplir de paille et de bois ; puis il commanda de les pousser à rebours jusque dans les
fossés du château, de telle manière que les conduc-
teurs se trouvaient garantis, par les charrettes
elles-mêmes, contre la fusillade des Bleus. Quand
ceux-ci virent qu'on s'apprêtait à mette le feu à la
paille et au bois, ils capitulèrent et se rendirent
prisonniers.

Alors on se tourna contre le général Gauvillier,
qui occupait Beaupréau et les environs. Tandis que
Bonchamps attaquait les bataillons postés à la
Chapelle-du-Genêt, Cathelineau avec d'Elbée se
chargea d'emporter Beaupréau ; c'était le 22 avril.

Les Bleus avaient de l'artillerie en bonne position pour défendre le pont sur la rivière d'Evre,
du côté de Cholet. Cathelineau se présente de front
et engage la canonnade. Il avait fait rassembler des
planches pour passer la rivière, au dessus et au
dessous de la ville. Pendant que les Bleus sont
occupés à défendre le pont, ils se trouvent pris
ainsi par la droite et par la gauche. Rompus, tail-
lés en pièces, ils laissent Beaupréau jonché de
leurs morts. Bonchamps ne fut pas moins heureux

à la Chapelle-du-Genêt. Cette journée valut aux Vendéens huit canons, beaucoup de prisonniers parmi lesquels un escadron de dragons tout entier, dont les chevaux servirent à monter pareil nombre de royalistes.

Cathelineau profita de l'ardeur dès soldats pour marcher, le même jour, sur Chalonnes, que les Bleus ne défendirent pas ; ils se hâtèrent de repasser la Loire.

Ainsi, le Boccage angevin était complètement délivré ; mais le Poitou appelait à son tour des libérateurs. Les payans, licenciés le 24 avril pour quatre jours, furent exacts au rendez-vous : le 28, l'armée se rassembla de nouveau.

On marcha sur Argenton, dont le château, armé de plusieurs grosses couleuvrines, ne put résister longtemps aux Vendéens. Le 2 mai, on entra dans Bressuire, que le général républicain Quetineau avait évacué pour se concentrer à Thouars. Les patriotes tenaient prisonniers à Bressuire M. de Lescure et M. de Marigny, qui, délivrés de leurs mains, se joignirent aussitôt à l'armée royale.

Quetineau espérait bien se maintenir à Thouars, car cette ville est très avantageusement située pour la défense, sur une hauteur au-dessus de la rivière du Thoué, qui couvre la ville du côté du bocage. Le Thoué n'offrait qu'un seul gué, audessus de Vrines, et ce gué était fortement défendu, de même que les autres passages.

Le 5 mai, dès le grand matin, les Vendéens se déployèrent sur la rive gauche du Thoué. Ils étaient environ vingt mille ; mais six mille avaient des fusils.

Marigny et le marquis de Donnissan, beau-père de M. de Lescure, attaquèrent le pont Saint-Jean ; Lescure et Larochejaquelein le pont de Vrines ; Bonchamps le Gué aux-Riches. Cathelineau s'était chargé, avec d'Elbée et Stoffet, de l'attaque du port du Bac, sous le château même. Malgré une vive résistance, le passage fut partout forcé ; les Bleus s'enfuirent vers la ville, où l'on ne tarda pas à pénétrer en escaladant le vieux rempart qui l'environne. Quetineau sollicita une capitulation, qui lui fut généreusement accordée, quoique la ville eût été prise d'assaut.

Les prisonniers étaient au nombre de cinq mille. On les renvoya libres, sous la seule condition de ne plus porter les armes contre le roi Louis XVII et ses alliés.

Dans la division vaincue à Thouars se trouvait cet impur ramas d'assasins appelés *Marseillais :* de Paris, où ils avaient joué le principal rôle dans l'horrible journée du 10 août, ils étaient venus pour combattre les Vendéens. Ces misérables ne surent que massacrer des prisonniers ; ils apprirent bientôt à leurs dépens qu'il n'était pas si facile de résister aux royalistes armés que d'égorger des malheureux sans défense. Il en fut de même de ces bandits parisiens connus sous le nom de *vainqueurs de la Bastille :* le gouvernement révolutionnaire les avait organisés en bataillons pour les envoyer en Vendée : ils y reçurent de rudes leçons.

La République ne manquait pas d'attribuer chaque revers à la trahison de ses généraux. Ainsi que Marcé, mis à mort pour sa déroute du Pont-Charron, Quetineau fut destitué et emprisonné en attendant l'échafaud. Cette fière République ne voulait pas avouer que ses défaites fussent dues au courage des *brigands :* tel était le nom que des scélérats couverts de crimes donnaient à des hommes qui combattaient pour leur foi politique, leur religion, leurs foyers, leur liberté, pour tout ce qu'il y a plus sacré au monde.

Appliquée aux Vendéens, cette qualification de *brigands* devint un titre d'honneur. Il est certaines gens dont les éloges seraient un affront, et dont les injures sont une gloire.

Chapitre III

Malheureuse bataille de Fontenay, livrée malgré l'avis de Cathelineau. — Sa tranquillité d'âme après ce revers. — Seconde bataille de Fontenay. — Victoire complète des Vendéens.

De Thouars l'armée se porta sur Parthenay où elle entra, le 8 mai, sans résistance. Le 13, la Châtaigneraie fut prise après un combat assez vif ; puis on marcha sur Fontenay.

Cathelineau n'était pas d'avis d'attaquer en ce moment. Après les affaires de Thouars et de la Châtaigneraie, une grande partie de l'armée s'était dispersée, chacun voulant revoir sa famille et *mettre une chemise blanche.* On n'était pas en force pour une entreprise si importante. Ainsi parlait Cathelineau. Néanmoins les autres généraux persistèrent dans l'opinion contraire ; d'après quoi, Cathelineau, étranger à tout sentiment d'amour-propre, ne songea plus qu'à faire de son mieux, souhaitant de tout son cœur que l'événement lui donnât tort.

Le 16 mai, on vint donc attaquer les Bleus, rangés en avant de Fontenay. C'est à peine si dix mille paysans se trouvaient rassemblés : ils n'avaient pas, d'ailleurs, leur confiance ordinaire ; en sorte que tous les avantages étaient du côté de l'ennemi.

Cette fois, ce furent les Vendéens qui eurent la déroute : presque toute leur artillerie fut prise. On vit bien alors que Cathelineau avait raison, lui, simple villageois, qui devinait, comme par un don surnaturel, la science de la guerre.

L'armée fut dissoute, sauf à se réunir de nouveau dans quelques jours. Cathelineau vint au Pin-en-Mauges voir sa femme et ses enfants. Le curé de la paroisse, l'abbé Cantiteau, alla le visiter, ainsi que les notables du pays. Ils étaient tristes à cause de la déroute de Fontenay ; aussi furent-ils surpris de voir sur la figure de Cathelineau la même bonne humeur que si l'on avait remporté la victoire. « Je suis, leur dit-il, plein de confiance dans le Seigneur et dans le courage des soldats. Ce malheur sera bientôt réparé. Sous peu de jours nous serons maîtres de Fontenay, et nous reprendrons avec nous tout ce qui nous a été enlevé. »

Cathelineau avait assigné Cholet à ses soldats pour lieu de rendez-vous. Tout le monde y fut exact. Les Bleus s'étaient avancés dans le Bocage ; ils étaient rentrés à la Châtaigneraie. Le 23 mai, ils l'évacuèrent à l'approche de l'armée vendéenne, qui se portait de nouveau sur Fontenay. Le 25, les royalistes reparurent devant la ville, brûlant de prendre leur revanche.

Cathelineau commandait le centre avec Stofflet.

On courut droit sur les batteries ; on se jeta sur les rangs serrés des Bleus, malgré leur fusillade à laquelle on ne pouvait répondre. En vain leur cavalerie se déploya : après une heure de combat, l'ennemi fut mis en déroute, et les vainqueurs entrèrent à sa suite dans Fontenay. On s'empara de toute l'artillerie, et, comme l'avait dit Catheli-neau, ce qu'on avait perdu fut repris avec usure.

La victoire de Fontenay, remportée hors du Bocage, dans un pays de plaine favorable sous tous les rapports aux républicains, donna à l'insurrection royaliste une nouvelle importance et porta au comble l'enthousiasme des Vendéens.

Chapitre IV

Combats de Doué, de Montreuil. — Bataille et prise de Saumur. — Cathelineau nommé généralissime.

Après la victoire de Fontenay, tout le Bocage se trouvait libre ; mais à peine avait-on chassé les républicains d'un côté, qu'il fallait courir ailleurs pour repousser d'autres colonnes. La Convention avait pris inquiétude des progrès royalistes. Elle retira de son armée du Nord ses meilleures troupes, afin de les porter contre la Vendée : Saumur et les villes voisines furent occupées par quarante mille hommes.

Au lieu d'attendre cette armée, on courut au-devant d'elle. Toutes les forces disponibles se portèrent en Anjou. L'avant-garde des Bleus fut chassée de Vihiers et poursuivie sur la route de Saumur. En vain elle essaya de résister à Concourson, où Cathelineau eut son cheval tué par un boulet : rien ne put arrêter les Vendéens. Doué fut

emporté; on serait même arrivé d'un élan jusque
devant Saumur, sans le feu des redoutes de Bournan, qui battaient la route.

L'attaque de Saumur fut décidée. Les Vendéens
avaient jugé inutile de conserver Thouars, qu'une
division des Bleus occupait de nouveau. On prévo-
yait bien que cette division se porterait au secours
de Saumur, et l'on résolut de lui couper le passage. Pour cela, on fit un détour sur la droite, et
on alla occuper Montreuil. Le général Salomon
arriva de Thouars, comme on l'avait prévu, avec
cinq à six mille hommes; c'était à l'entrée de la
nuit, et l'ennemi ne croyait pas trouver là les Vendéens. Les Bleus furent si bien accueillis par la
mitraille, qu'ils reprirent en déroute le chemin de
Thouars, abandonnant canons et bagages.

Les généraux voulurent alors envoyer vers Saumur quelques piquets de cavalerie en reconnaissance. Mais telle était l'ardeur des Vendéens que
ces détachements furent suivis par toute l'armée.
Et l'on marchait d'un si bon pas que les généraux
furent obligés de mettre leurs chevaux au galop
pour se retrouver en tête.

C'était le 9 juin au matin, mémorable journée !
Lescure attaqua par le pont Fouchard; La Rochejaquelein, par Varin; Cathelineau, avec Stofflet, se
porta sur le château de Saumur. Lescure trouva
rude besogne au pont Fouchard. Les Bleus avaient
là un régiment de cuirassiers et les Vendéens ne
connaissaient pas encore ces cavaliers-là, dont la
poitrine défiait les balles. Mais on se mit à viser à
leurs chevaux et à leur figure, et ainsi l'on triom-
pha d'eux. Le camp de Varin fut enlevé d'assaut
par La Rochejaquelein. Cathelineau et Stofflet

n'eurent pas moins de succès. La déroute des Bleus fut complète ; ils ne s'arrêtèrent même pas dans Saumur, et s'enfuirent par le pont de la Loire. Pendant la nuit, les redoutes de Bournan furent évacuées, et le lendemain matin le château se rendit par capitulation.

Quatre-vingts pièces de canon, des milliers de fusils, de grands approvisionnements de poudre, la prise d'un des principaux passages de la Loire, tels furent les trophées de la bataille de Saumur.

Jusqu'à ce moment il n'y avait pas eu, chez les Vendéens, de commandant suprême. Les grands succès obtenus par l'insurrection, l'importance qu'elle prenait, la nécessité de lui donner plus d'ensemble, firent sentir le besoin de lui donner un général en chef. Le conseil s'assembla, et Cathelineau obtint l'unanimité des suffrages. Les généraux absents s'associèrent à leur tour à cette nomination. Une seule personne fut bien étonnée de ce choix, et ce fut Cathelineau lui-même. Confondu de tant d'honneur, il cherchait à s'y dérober, et il fallut faire violence à sa modestie, qui égalait son courage et ses talents.

Il y a, dans cette nomination, un bel acte de justice, une haute pensée, un grand enseignement. Rien n'est plus propre à faire voir combien toute idée de caste et de privilège était étrangère à la noblesse vendéenne : des gentilshommes titrés, choisissant à l'unanimité, pour leur supérieur, le voiturier du Pin-en-Mauges, et honorant en lui le dévouement populaire qui avait eu la gloire de commencer la lutte et qui était venu chercher la noblesse ; car on ne saurait trop le répéter, ce ne sont pas plus les nobles que les prêtres qui ont fait l'insurrection de la Vendée : partout le peuple s'est levé de lui-même ; il n'avait besoin de personne pour se faire des convictions et pour s'armer en leur faveur.

La révolution proclamait avec fracas le règne de *l'égalité*. Il est vrai qu'elle mettait l'échafaud en regard : *liberté, égalité ou la mort*, c'est-à-dire : *sois libre ou meurs ; soyons égaux et frères, ou je te tue*. La Vendée ne proclamait pas l'égalité, mais elle la pratiquait. Une haute naissance sans mérite et sans vertu aurait en vain réclamé le respect : la noblesse de cœur passait avant toute autre, et l'on était réuni par la vraie fraternité, la fraternité chrétienne.

Malgré son éminente position, chacun trouva en Cathelineau le même homme qu'auparavant. Tout ce qu'il vit dans son grade de généralissime, ce fut l'obligation de pousser plus loin encore, s'il était possible, le dévouement et la valeur.

Chapitre V

L'armée vendéenne entre à Angers, d'où elle marche sur Nantes. — Attaque de Nantes. — Blessure et mort de Cathelineau.

La déroute des Bleus avait été si complété, que leurs fuyards s'étaient sauvés jusqu'à Tours. Avec une armée régulière, on aurait pu marcher sur Paris, dont la route se trouvait ouverte ; mais une telle expédition n'était pas praticable, d'après la nature de l'armée vendéenne. On résolut d'attaquer Nantes et on se mit en relations avec Charette, pour concerter une attaque en commun. Il fut convenu que Charette attaquerait par la rive

gauche de la Loire, tandis que la grande armée se
présenterait par la rive droite.

L'armée, commandée par Cathelineau, marcha
sur Angers, où elle entra sans résistance. D'Angers on marcha sur Nantes ; mais deux des généraux les plus aimés, La Rochejaquelein et Lescure,
étaient absents : le premier, resté à Saumur, bien
malgré lui, pour commander la garnison et la retenir par son influence ; le second, éloigné par
une blessure qu'il avait reçue dans la dernière
bataille. La plus grande partie de leurs Poitevins
étaient rentrés chez eux. L'armée se trouvait réunie depuis longtemps, et bien des paysans ne con-
cevaient pas pourquoi on les menait attaquer
Nantes.

Quatre cents Bleus occupaient Nort. Les Vendéens, ne voulant pas laisser derrière eux ce
bourg, firent un détour pour s'en emparer. Sa résistance retarda leur arrivée devant Nantes. Au
lieu d'attaquer à deux heures du matin, comme
Charette, on ne put commencer qu'à six heures,
le 29 juin. L'action s'engagea sur tous les points
avec la plus grande vivacité.

A dix heures du matin les Bleus étaient, de
toutes parts, refoulés dans la ville. Bonchamps
avait pénétré jusqu'au faubourg Saint-Clément.
Cathelineau pressait vivement le faubourg Saint-
Similien. Déjà des troupes de fuyards sortaient
par la porte de Vannes ; les généraux vendéens
avaient exprès décidé de laisser cette porte libre,
afin de ne pas réduire les ennemis à une défense
désespérée. M. de Talmont, oubliant, par un excès
d'ardeur, ce qui avait été convenu, courut à cette
porte avec deux pièces de canon et repoussa les

fuyards dans la ville. La défense n'en devint que plus acharnée.

Mais l'attaque se soutenait aussi. Cathelineau, secondé par le feu d'une batterie qu'il avait établie sur la hauteur de Barbin, pressait chaudement les Bleus vers la porte de Rennes. Les Vendéens gagnaient du terrain, s'égaillant, à mesure qu'ils avançaient, dans les maisons, les jardins, les vergers.

Vers onze heures, les boulets vendéens avaient en partie renversé le retranchement qui couvrait le faubourg Saint-Similien ; mais les assaillants restèrent exposés à un feu vif d'artillerie et à la fusillade. Déjà Cathelineau avait eu plusieurs chevaux abattus sous lui, mais sans être atteint ; jusqu'alors il avait eu un grand bonheur ; depuis le commencement de la guerre, il n'avait reçu aucune blessure.

Il voit que l'instant est décisif. Mettant pied à terre, il rassemble autour de lui environ trois cents hommes d'élite, parmi lesquels ses frères, ses amis les plus intimes. Il leur fait faire un dernier effort pour emporter les pièces de canon et le retranchement qui défendent l'entrée du faubourg. Il harangue sa troupe. Lui et chacun de ses braves font le signe de la croix et se précipitent, tête baissée, sur l'ennemi ; en un moment ils sont maîtres de la barricade et des canons. Renversant tout devant lui, poussant les Bleus de rue en rue, Cathelineau arrive jusqu'à la place Viarmes.

Le désordre et la terreur sont parmi les patriotes : Nantes va être aux Vendéens. En ce moment une balle vient frapper Cathelineau au-dessus du coude et se perd dans la poitrine. Il tombe ; ses amis ne songent plus qu'à l'emporter ; ils se retirent sans que les Bleus osent les inquiéter.

Bientôt la désastreuse nouvelle circule dans toute l'armée royale et y répand la consternation. Les autres généraux s'efforcent de ranimer les soldats, en leur montrant qu'ils laissent échapper un triomphe certain. Tout est inutile : à deux heures de l'après-midi, le feu des Vendéens était déjà bien ralenti et ne continuait plus que pour couvrir la retraite qui ne fut pas sérieusement troublée.

On repassa la Loire dans des barques : l'armée fut dissoute. On avait transporté Cathelineau à Saint-Florent. Tout d'abord il demanda les secours de la religion, qu'il reçut avec la piété d'un saint. Il regrettait seulement que son sang n'eût pas acheté la victoire.

Cependant son état parut s'améliorer : les chirurgiens donnaient beaucoup d'espoir. Entouré des plus touchantes preuves d'affection, Cathelineau continuait de s'occuper d'affaires, recevant jour par jour le rapport des évènements. Il eut la joie d'apprendre la victoire remportée à Châtillon, le 5 juillet. Mais, dans la soirée du 13, il survint tout à coup une crise fatale, et, le lendemain 14, Cathelineau expira.

Devant la porte de la maison il y avait un grand concours de monde, attendant, avec la plus vive anxiété, des nouvelles du général. Quand tout fut consommé, un des parents de Cathelineau se présenta devant ce peuple et dit : « Le bon général a rendu l'âme à qui la lui avait donnée pour venger sa gloire ».

Les restes de Cathelineau furent ensevelis, avec

tous les honneurs qui lui étaient dûs, dans le cimetière de Saint-Florent.

Ainsi mourut le premier généralissime de la Vendée. Il avait trente-quatre ans et six mois. Sa fin fut digne de sa vie. Jusqu'à l'âge mur il était demeuré dans l'obscurité. Il se leva, nouveau Macchabée inspiré par le ciel, pour combattre l'impie, et quatre mois de son existence ont à jamais illustré son nom.

Cathelineau, en effet, était un homme éminent par les dons naturels : sagacité étonnante qui devinait l'art de la guerre ; promptitude d'exécution ; prudence unie à l'impétuosité du courage. Ses manières, l'expression de ses traits, tout en lui avait grandi avec les circonstances. Certes, s'il est beau de parvenir, par son mérite, à une telle position, il est aussi très beau de n'en être pas ébloui, et de conserver l'admirable simplicité, la bonté, la douceur de Cathelineau. Telle était sa probité, qu'il est mort plus pauvre qu'au début de la guerre. Il ne fit pas plus profiter ses parents que lui-même de son changement de fortune. Il ne leur réservait qu'une place à ses côtés, le plus près possible de l'ennemi.

Tel fut Cathelineau, ce modèle accompli du dévouement royaliste et populaire, ce type parfait du paysan vendéen avec son sens si juste et si droit, son esprit si élevé. Mais chez Cathelineau, ces qualités allaient jusqu'au génie. A une autre époque, Jeanne d'Arc, une humble fille des champs, eut la gloire de sauver la France ; peu s'en fallut que cet honneur n'appartînt aussi à un paysan de la Vendée. Du moins une semblable auréole doit environner son nom, de même que le Pin-en-

Mauges ne doit rien envier au lieu natal de cette héroïne.

Th. MURET.

Petit Musée Traditionniste

250. — Croyances et Superstitions populaires : Les Fées dans la tradition vendéenne. — *Légendes locales sur les Fées anonymes (fin).* — Aux *Landes-Genusson* et aussi à Tiffauges, localité voisine (canton de Mortagne-sur-Sèvre), il y a un *champ de la Fée* auquel se rattache le souvenir légendaire d'une fée bienfaisante qui, dit-on, partageait également ses bienfaits entre les deux paroisses. Cachée pendant le jour sous une grosse pierre, tantôt dans son champ des Landes, tantôt dans celui de Tiffauges, elle ne sortait de sa retraite qu'assez longtemps après le coucher du soleil et passait la nuit à parcourir tous les villages en sautant d'une maison sur l'autre, — ce qui produisait un léger bruit bien connu qui parfois réveillait les gens endormis et leur faisait dire : « Voilà la fée qui saute ! »

— A *Mareuil-sur-Lay*, la tradition locale nous apprend que l'église et le château primitifs furent bâtis par des fées qui avaient leur domicile au village de l'Asnière, paroisse de Rosnay, non loin de l'embouchure de l'*Yon*. Elles avaient toute puissance sur les eaux de cette rivière et sur celles du *Lay ;* elles en réglaient le cours et les débordements, suivant qu'elles voulaient récompenser la bonne conduite ou punir les mauvaises actions des riverains. Le village du *Pavé*, tout près de Mareuil, devrait son nom aux éclats d'une grosse pierre tombée de la *dorne* de l'une des légendaires bâtisseuses du château voisin.

— A *Montsireigne* (canton de Pouzauges), le menhir du village de la Chauvinière était, dans la nuit du samedi au dimanche, le rendez-vous hebdomadaire des nombreuses fées du pays. La pierre mystérieuse entrait en danse lorsque sonnait le dernier coup de minuit, heure de l'arrivée des fées qui, aussitôt, se mettaient elles-mêmes à danser tout autour. Après la danse, elles tenaient conseil. Pendant la délibération le menhir se tenait couché, puis il se relevait, et alors chaque fée regagnait son domicile particulier.

— Aux *Moutiers-les-Mauxfaits*, comme à Mareuil, la légende attribue la construction de l'église à des fées qui avaient leur principale résidence aux Mauxfaits, village voisin. Tout le plateau sur lequel s'élève le bourg est percé de souterrains par lesquels les fées communiquaient mystérieusement entre elles et apportaient, non moins mystérieusement, les pierres destinées à construire l'église. On prétend que ces souterrains cachent d'immenses trésors, toujours vainement cherchés.

— A *Saint-Avaugourd-des-Landes* (canton des Moutiers les-Mauxfaits), le village du *Pin*, situé à quelque distance du bourg, avait tout d'abord été choisi comme chef-lieu paroissial, et c'était là que l'église devait être construite. Mais ce village, dit-on, était aussi la résidence de fées puissantes et jalouses qui s'opposèrent à la construction proje-tée. Chaque nuit, elles enlevaient et faisaient dis-paraître les matériaux que les ouvriers avaient apportés pendant le jour. Cela dura ainsi pendant assez longtemps; mais à la fin, de guerre lasse, les fondateurs de la paroisse durent céder et se résigner à construire l'église à l'endroit où elle se trouve actuellement. Les fées se montrèrent sa-tisfaites et reconnaissantes, car la tradition ajoute qu'elles eurent la complaisance d'extraire et de transporter elles-mêmes à pied d'œuvre — tou-jours pendant la nuit — toutes les pierres qui ser-virent à la construction ainsi déplacée.

— A *Saint-Benoît-sur-Mer* (canton des Mou-tiers les-Mauxfaits), des fées bienfaisantes, con-nues sous le nom de *Dames-Blanches*, avaient la spécialité de faire prospérer les chevaux. Elles entraient mystérieusement dans les écuries, à l'heure de minuit, y allumaient de petites chan-delles dont elles faisaient tomber une à une les gouttes sur la queue, la crinière et la croupe des animaux, qu'elles frottaient ensuite avec une poi-gnée de joncs. Grâce à ces soins mystérieux, les chevaux du pays étaient toujours propres, luisants et bien portants, et ils faisant prime sur tous les marchés régionaux.

— A *Saint-Cyr-en-Talmondais* (canton des Mou-tiers-les-Mauxfaits), dans la vallée de l'*Anson*, ruisseau qui sert de limite entre Saint-Cyr et Champ-Saint-Père, se trouve une fontaine dont les eaux avaient jadis la réputation d'être souve-raines, grâce à une fée qui venait s'y baigner cha-

que nuit. Cette fée résidait à quelque distance de
là, au lieu appelé encore aujourd'hui la *Dorne de
la Dame*. Elle avait à son service de nombreux
fadets qui logeaient eux-mêmes au *Champ-Fol-
let* et qui étaient chargés d'entretenir toujours
propres, en soufflant dessus, les eaux de la fontaine merveilleuse. Un mauvais drôle de Saint-
Cyr s'amusa un jour à les troubler... en posant
culotte au-dessus de la fontaine; mais il paya cher
cette incongruité, car, depuis ce temps-là, il fut
affligé d'une diarrhée continuelle qui le rendit la
risée du pays et dont, en dépit de tous les remè-
des, il ne put jamais se guérir. Inutile d'ajouter,
d'ailleurs, que le souffle des fadets au service de
la fée eut bientôt désinfecté la fontaine, à laquelle
cette aventure n'enleva rien de sa réputation..

— A *Saint-Denis-du-Payré* (canton de Luçon),
lorsque cette partie de la côte reçut ses premiers
habitants, il n'y avait point tout d'abord d'eau potable ; mais des fées bienfaisantes, qui habitaient
l'endroit appelé *Champ des Demoiselles*, creusè-
rent successivement trois fontaines : la *fontaine
de la Fraignaie*, située tout près du bourg de
Saint-Denis ; la *fontaine du Bournier*, entre Saint-
Denis et Chasnais ; la *fontaine de l'Aubrière*, presque à l'intersection des trois communes de Saint-
Denis, de Chasnais et de Lairoux. Les eaux de la
troisième de ces fontaines avaient même et ont
encore, paraît-il, la vertu de couper la fièvre.

— A *Saint-Florent-des-Bois* (canton de la Roche-
sur-yon), une bonne vieille fée, toute seule dans
le pays, avait coutume d'aller veiller à l'endroit
appelé le *Pré de la Dame*. L'herbe qui poussait
sur le terrain qu'elle avait foulé en passant en-

graissait les troupeaux et les rendait florissants.
Cette bonne fée avait pris sous sa protection un
pauvre homme de Saint-Florent qui ne possédait
que deux moutons, mais qui, conseillé par sa protectrice, ne tarda pas à s'enrichir, grâce à l'herbe
merveilleuse dont seul il eut pendant longtemps
le secret.

— A *Saint-Pierre-du-Chemin* (canton de la Châtaigneraie), de riches et bienfaisantes fées avaient
élu domicile dans un souterrain tout à fait à l'extrémité de la paroisse, près du Pont-Beugnon, sur
les bords d'un petit ruisseau. Elles y avaient entassé des monceaux d'or où elles permettaient de
venir puiser à pleines mains, mais seulement aux
gens se trouvant en état de grâce ; et encore n'é-
tait-ce qu'une fois l'an, à Noël, pendant que sonnait le *sanctus* de la messe de minuit. Aussi, bien
qu'à ce moment il y eût foule aux abords du souterrain, peu de personnes profitaient de ces lar-
gesses si rigoureusement conditionnelles, car au
dernier son du *Sanctus* l'or s'évanouissait entre
les mains des rares privilégiés qui avaient réussi
à garnir leurs poches, mais qui, presque toujours,
à cause de la bousculade, n'avaient pas eu le
temps de sortir du souterrain.

— A *Saint-Sornin* (canton des Moutiers-les-
Mauxfaits), l'ancien logis de la Chenardière ou
Chignardière, sur les bords d'un petit ruisseau
affluent de Troussepoil, était sous la protection
d'une fée qui avait caché un gros trésor dans les
ruages de la maison du métayer, sous une grosse
pierre. La famille du métayer était très nombreuse,
et en même temps si travailleuse et si honnête,
que la bonne fée résolut de la faire bénéficier de

son trésor ; mais comme elle ne pouvait parler à personne (car la plupart des fées ne parlent jamais), elle imagina, une nuit, d'enlever de son berceau la plus jeune fille de la métayère et la transporta sur la pierre qui recouvrait la cachette. Le lendemain matin, bien qu'il fût tombé de l'eau à verse pendant toute la nuit, la petite fut trouvée dormant paisiblement sur son lit d'emprunt, sans que ses langes portassent la moindre trace d'humidité. Devinant qu'il y avait là quelque chose de mystérieux, les métayers soulèvent la pierre, creusent en dessous et trouvent le trésor, si gros, affirme la tradition, qu'il fallut trois mulets pour le tirer.

Deux aliments bien précieux

Pour les *estomacs délicats*, les *tempéraments constipés*, le délicieux CHOCOLAT AU MIEL de l'abbé NAVARRE est un aliment merveilleux, rafraîchissant, toujours sain, nutritif et de digestion facile, — 2 k. 500 net franco, **10** fr.

Pour les *personnes affaiblies et surmenées, les enfants, convalescents, vieillards, malades de l'estomac* ou de *l'intestin*, le CAO-BANANE est l'aliment *idéal*. — Boîte de 250 grammes franco, **2** fr., contre mandat adressé à l'abbé NAVARRE, Boigneville (Seine-et-Oise).

Un Souvenir aux Abonnés

En compensation des trois fascicules d'été que les embarras de la guerre ont empêchés de paraître, un souvenir équivalent au prix de l'abonnement entier est mis à la disposition des abonnés :

Contre envoi (à l'adresse du Directeur de la *Vendée Historique)* de trente centimes en timbres-poste (pour les frais de port), chaque abonné peut se faire adresser gratuitement une valeur de *4 fr. 50* de volumes choisis parmi ceux du catalogue de la *Petite Bibliothèque de la Vendée Historique.*

Plusieurs des publications portées à ce catalogue étant à peu près épuisées, ceux des volumes demandés se trouvant dans ce cas seraient remplacés par d'autres : chaque abonné fera donc bien d'adresser une liste d'un certain nombre de volumes, *classés par ordre de préférence.*

Petite Bibliothèque de la Vendée Historique

Respect à Cathelineau! — 50 c.

Les Intrus de la Vendée militaire. — *Caquille,* intrus de Beaupréau. — 30 c.

Marie-Jeanne. — 50 c.

Questions controversées de la Vendée militaire : l'entrée en campagne de Henri de la Rochejaquelein. — 25 c.

Un détracteur de Mme de la Rochejaquelein. — 50 c.

André Ripoche. — 30 c.

La Vendée d'autrefois, tomes I et II, 1 fr. 25 le volume.

Paineau *dit* **La Ruine.** — 25 c.

« Zig-Zags » au Pays des « Géants », 1re, 2e, 3e et 4e séries. — 1 fr. 25 chacune.

Etymologies vendéennes, 1re, 2e et 3e séries. — 50 c. chacune.

Chansons et croquis de la Grand'Guerre. — 1 fr.

« Histoires » de la « Grande-Guerre ». — 2 fr.

Chroniques Luçonnaises. — 2 fr. 25.

Marigny, tome 1ᵉʳ. — 1 fr. 25.

Les Mille et Une Nuits Vendéennes (*légendes du Bas-Poitou*). — 1 fr. 75.

Statues et Statuettes de la Vendée militaire, 1ʳᵉ et 2ᵉ séries. — 1 fr. chacune.

Le Calendrier-Martyrologe de la Vendée militaire, tome I, — 1 fr. 25.

L'abbé Barbotin, premier aumônier de la Grande Armée vendéenne. — 1 fr. 75.

Curiosités Historiques et Archéologiques du Bas-Poitou. 1ʳᵉ et 2ᵉ séries. — 1 fr. 75 chacune.

Expédition de chaque volume par retour du courrier, contre envoi du prix en timbres-poste ou en mandat à l'adresse du Directeur de la Vendée Historique, *aux Moutiers-les-Mauxfaits.*

Table des Matières
de l'année 1914

Primes aux abonnés : 220.

Récits de la « Grand'Guerre » : 3.

Les collections de la « Vendée Historique et Traditionniste »

Quelques rares collections sont mises à la disposition des abonnés, aux conditions suivantes :

I. — *Collection complète des deux séries* (depuis la fondation de la Revue) : *18 années.*

Edition sur papier fort : 36 fr. (au lieu de *108*).

Edition sur papier ordinaire: 22 fr. (au lieu de *81*).

II. — *Collection complète de la 2ᵉ série seule* (1909-1914) : *6 années :*

Edition sur papier fort : 12 fr. (au lieu de 36).

Edition sur papier ordinaire: 8 fr. (au lieu de 27).

III. — *Collection d'une année prise séparément* (à partir de l'année 1909 seulement):

Edition sur papier fort : 2 fr. (au lieu de 6).

Edition sur papier ordinaire : 1 fr. 25 (au lieu de 4,50).

N. B. — Le nombre de ces collections étant très limité, les premières demandes pourraient seules être servies.

Le Gérant : M. **BIDEAUX.**

Luçon — Imp. M. Bideaux

Nouvelle Série (6º année) Nº 2 — Février 1914

La Vendée

HISTORIQUE

et TRADITIONNISTE

(18º ANNÉE)

Paraît à la fin de chaque mois
(SAUF EN AOUT-SEPTEMBRE)

à LUÇON (Vendée)

Le Numéro : 60 centimes

DIRECTEUR :

Henri BOURGEOIS

Edition sur papier fort		Edition sur papier ordinaire	
Vendée et dépⁱˢ limitr.	6 fr. » »	Vendée et dépⁱˢ limitr.	4 fr. 50
Autres départements ..	6 50	Autres départements ..	5 »
Etranger............	7 » »	Etranger............	5 50

Les abonnements partent du 1ᵉʳ Janvier et sont payables d'avance

M. BIDEAUX, ÉDITEUR

LUÇON

Etudes *rel., pnrr., hist.* et *litt.* Rev. bi-m., publiée par les Pères de la Cie de Jésus. Un an, 25 fr.; 6 mois, 12 fr. 50. Rue de Babylone, 50, Paris.

La Critique du Libéralisme religieux, politique, social. Revue bi-mensuelle. Directeur : abbé E. BARBIER. Administration : Desclée, 41, rue de Metz, à Lille. 10 fr. par an.

L'Autorité, fondée par PAUL DE CASSAGNAC et dirigée par PAUL et GUY DE CASSAGNAC (un an, 25 fr.; six mois, 13 fr.; trois mois, 7 fr.) — 45, rue Vivienne, Paris.

Revue du Culte Catholique, mens., dirigée par MM. GROUSSEAU et BIRÉ. 8 fr. par an. 44, rue Soufflot, Paris.

Le Bloc Catholique. Un an, 5 fr. Rue d'Astorg, 7, Toulouse.

La Revue, Critique des Idées et des Livres, bi-mensuelle, 20 fr. par an; 155, boulevard Saint-Germain, Paris.

L'Echo du Merveilleux, bi-mensuel. Un an, 10 fr.; 6 mois, 6 fr. 49, rue Monsieur-le-Prince, Paris.

L'Intermédiaire des Chercheurs et Curieux, fondé en 1864. Paraît les 10, 20 et 30 de chaque mois. Un an, 16 fr.; six mois, 9 fr. — 31 bis, rue Victor-Massé, Paris.

Revue des Traditions populaires, recueil mensuel de mythologie et de traditionnisme. Un an, 15 fr.; 80, boulevard Saint-Marcel, Paris.

Revue du Traditionnisme, revue internationale du *folklore,* mensuelle. Un an, 10 fr. — 48, quai de l'Hôtel-de-Ville, Paris.

La Chronique Médicale, bi-m., historique, littéraire et anecdotique. Un an, 10 fr. — Docteur CABANÈS, 15, rue Lacépède, Paris.

Le Panache, revue royaliste illustrée, bi-m.; un an, 8 fr. — 4, rue Bonaparte, Paris

Nouvelle Série (6e année) N° 3 — Mars 1914

La Vendée

HISTORIQUE

et TRADITIONNISTE

(18° ANNÉE)

Paraît à la fin de chaque mois
(SAUF EN AOUT-SEPTEMBRE.)

à LUÇON (Vendée)

Le Numéro : 60 centimes

DIRECTEUR

HENRI BOURGEOIS

Edition sur papier fort		Edition sur papier ordinaire	
Vendée et dép^ts limitr.	6 fr. »»	Vendée et dép^ts limitr.	4 fr. 50
Autres départements..	6 50	Autres départements..	5 »
Etranger............	7 »»	Etranger............	5 50

Les abonnements partent du 1er Janvier et sont payables d'avance

M. BIDEAUX, ÉDITEUR
LUÇON

Etudes *rel.*, *pnw.*, *hist* et *litt.* Rev. bi-m., publiée par les *Pères de la Cie de Jésus*. Un an, 25 fr.; 6 mois, 12 fr. 50. Rue de Babylone, 50, Paris.

La Critique du Libéralisme religieux, politique, social. Revue bi-mensuelle. Directeur : abbé E. BARBIER. Administration : Desclée, 41, rue de Metz, à Lille. 10 fr. par an.

L'Autorité, fondée par PAUL DE CASSAGNAC et dirigée par PAUL et GUY DE CASSAGNAC (un an, 25 fr.; six mois, 13 fr.; trois mois, 7 fr.) — 45, rue Vivienne, Paris.

Revue du Culte Catholique, mens., dirigée par MM. GROUSSEAU et BIRÉ. 8 fr. par an. 14, rue Soufflot. Paris.

Le Bloc Catholique. Un an, 5 fr. Rue d'Astorg, 7, Toulouse.

La Revue Critique des Idées et des Livres, bi-mensuelle, 20 fr. par an ; 155, boulevard Saint-Germain, Paris.

L'Echo du Merveilleux, bi-mensuel. Un an, 10 fr.; 6 mois, 6 fr. 19, rue Monsieur-le-Prince, Paris.

L'Intermédiaire des Chercheurs et Curieux, fondé en 1864. Paraît les 10, 20 et 30 de chaque mois. Un an, 16 fr.; six mois, 9 fr. — 31 bis, rue Victor-Massé, Paris.

Revue des Traditions populaires, recueil mensuel de mythologie et de traditionnisme. Un an, 15 fr.; 80, boulevard Saint-Marcel, Paris.

Revue du Traditionnisme, revue internationale du *folklore*, mensuelle. Un an, 10 fr — 48, quai de l'Hôtel-de-Ville, Paris.

La Chronique Médicale, bi-m., historique, littéraire et anecdotique. Un an, 10 fr. — Docteur CABANÈS, 15, rue Lacépède, Paris.

Le Panache, revue royaliste illustrée, bi-m.; un an, 8 fr. — 4, rue Bonaparte, Paris

Nouvelle Série (6ᵉ année) Nᵒ 4 — Avril 1914

La Vendée

DÉPOT LÉGAL
Veudée
Nᵒ 407
19/14

HISTORIQUE

et TRADITIONNISTE

(18ᵉ ANNÉE)

Paraît à la fin de chaque mois
(SAUF EN AOUT-SEPTEMBRE)

à LUÇON (Vendée)

Le Numéro : 50 centimes

DIRECTEUR

Henri BOURGEOIS

Edition sur papier fort		Edition sur papier ordinaire	
Vendée et dépᵗˢ limitr.	6 fr. »	Vendée et dépᵗˢ limitr.	4 fr. 50
Autres départements..	6 50	Autres départements..	5 »
Etranger...............	7 » »	Etranger...............	5 50

Les abonnements partent du 1ᵉʳ Janvier et sont payables d'avance

M. BIDEAUX, ÉDITEUR
LUÇON

Nouvelle Série (6e année) N° 6   Juin 1914

La Vendée

HISTORIQUE

et TRADITIONNISTE

(18e ANNÉE)

Paraît à la fin de chaque mois
(SAUF EN AOUT-SEPTEMBRE)

à LUÇON (Vendée)

Le Numéro : 60 centimes

DIRECTEUR

HENRI BOURGEOIS

Édition sur papier fort		Édition sur papier ordinaire	
Vendée et dép¹ˢ limitr. 6 fr. » »		Vendée et dép¹ˢ limitr. 4 fr. 50	
Autres départements.. 6 50		Autres départements.. 5 »	
Etranger............. 7 » »		Etranger............. 5 50	

Les abonnements partent du 1ᵉʳ Janvier et sont payables d'avance

M. BIDEAUX, ÉDITEUR

LUÇON

Nouvelle Série (6e année) Nos 7-12 Juil.-Déc. 1914

La Vendée

HISTORIQUE

et TRADITIONNISTE

(18e ANNÉE)

Paraît à la fin de chaque mois

(SAUF EN AOUT-SEPTEMBRE)

à LUÇON (Vendée)

Le Numéro : 60 centimes

DIRECTEUR

HENRI BOURGEOIS

Édition sur papier fort		Édition sur papier ordinaire	
Vendée et dép^{ts} limitr.	6 fr. »	Vendée et dép^{ts} limitr.	4 fr. 50
Autres départements..	6 50	Autres départements..	5 »
Etranger............	7 » »	Etranger............	5 50

Les abonnements partent du 1er Janvier et sont payables d'avance

M. BIDEAUX, ÉDITEUR

LUÇON

La Légitimité, organe de la Survivance. Un an, 6 fr
Damrémont, 24, Paris.

**Dictionnaire Historique et Généalogique des Familles
du Poitou**, rédigé par M. Paul BEAUCHET-FILLEAU, et paraissant par fascicules de 4 fr. sur papier mécanique, 5 fr. sur papier teinté et 6 fr. sur papier vergé. S'adresser à M l'Administrateur de la Société Française d'Imprimerie et de Librairie, à
Poitiers.

Le Réveil Populaire (Luçon). Un an, 5 fr.

Journal des Demoiselles, revue bi-mens. de modes et de
littérature; un an, 14 fr. — **La Toilette des enfants**, mensuel,
6 fr. — Spécimen gratuit de ces deux publications, 52, rue
Saint-Georges, Paris.

L'Action Française, quotidien. Un an, 24 fr.; 6 mois, 13 fr.;
3 mois, 7 fr. Chaussée d'Antin, 3, Paris.

Le Gaulois, quotidien, politique et littéraire (un an, 54 fr.;
6 mois, 27 fr.; 3 mois, 13 fr. 50; 1 mois, 5 fr.), donnant droit au
supplément hebdomad., littéraire et illustré. Rue Drouot, 2

Semaine Catholique de Luçon (6 fr. par an) et *Chroniques
paroissiales du diocèse de Luçon* (3 fr. par an), Luçon.

Le Publicateur de la Vendée (La Roche-sur-Yon), trihebd., 20 fr.

La Vendée (Fontenay-le-Comte), bi-hebd., 15 fr.

La Vendée Catholique, régional hebd. (Cholet), 5 fr.

Le Petit Patriote, journal catholique de combat, hebdom.
et illustré. 5 fr. par an. Directeur, Octave CHAMBON. à Paris, 14,
rue de l'Abbaye.

La Revue du Bas-Poitou, revue trimestrielle; un an, 8
Fontenay-le-Comte

La Légitimité, organe de la Survivance. Un an, 6 fr
Damrémont, 24, Paris.

Dictionnaire Historique et Généalogique des Familles du Poitou, rédigé par M. Paul BEAUCHET-FILLEAU, et paraissant par fascicules de 4 fr. sur papier mécanique, 5 fr. sur papier teinté et 6 fr. sur papier vergé. S'adresser à M. l'Administrateur de la Société Française d'Imprimerie et de Librairie, à Poitiers.

Le Réveil Populaire (Luçon). Un an, 5 fr.

Journal des Demoiselles, revue bi-mens. de modes et de littérature; un an, 14 fr. — **La Toilette des enfants**, mensuel, 6 fr. — Spécimen gratuit de ces deux publications, 52, rue Saint-Georges, Paris.

L'Action Française, quotidien. Un an, 24 fr.; 6 mois, 13 fr.; 3 mois, 7 fr. Chaussée d'Antin, 3, Paris.

Le Gaulois, quotidien, politique et littéraire (un an, 54 fr.; 6 mois, 27 fr.; 3 mois, 13 fr. 50; 1 mois. 5 fr.), donnant droit au supplément hebdomad., littéraire et illustré. Rue Drouot, 2.

Nouvelliste de Bordeaux. grand journal, régional quotidien. Un an, 22 fr.; 6 mois, 11 fr.; 3 mois, 6 fr. Bordeaux.

Semaine Catholique de Luçon (6 fr. par an) et *Chroniques paroissiales du diocèse de Luçon* (3 fr. par an), Luçon.

Le Publicateur de la Vendée (La Roche-sur-Yon), tri-hebd., 20 fr.

La Vendée (Fontenay-le-Comte), bi-hebd., 15 fr.

La Vendée Catholique, régional hebd. (Cholet), 5 fr.

Le Petit Patriote, journal catholique de combat, hebdom. et illustré. 5 fr. par an. Directeur, Octave CHAMBON. à Paris, 14, rue de l'Abbaye.

La Revue du Bas-Poitou, revue trimestrielle : un an, 8
Fontenay-le-Comte